Christoph Buchsteiner

Partizipation als Menschenrecht

Christoph Buchsteiner

Partizipation als Menschenrecht

Eine kritische Analyse der Staatsbürgerschaft

Lehrbuchverlag

Imprint
Any brand names and product names mentioned in this book are subject to trademark, brand or patent protection and are trademarks or registered trademarks of their respective holders. The use of brand names, product names, common names, trade names, product descriptions etc. even without a particular marking in this work is in no way to be construed to mean that such names may be regarded as unrestricted in respect of trademark and brand protection legislation and could thus be used by anyone.

Cover image: www.ingimage.com

Publisher:
Der Lehrbuchverlag
is a trademark of
Dodo Books Indian Ocean Ltd., member of the OmniScriptum S.R.L Publishing group
str. A.Russo 15, of. 61, Chisinau-2068, Republic of Moldova Europe
Printed at: see last page
ISBN: 978-620-0-44765-4

Inhalt

1. Problemstellung 9
2. Politische Partizipationsrechte 12
3. Wahlrecht 14
3.1 Der Nationalrat 15
3.2 Die Landtage 17
3.3. Das Amt der Bundespräsidentin oder des Bundespräsidenten 19
3.4 Die Gemeinderäte und Bürgermeisterinnen und Bürgermeister 19
4. Staatsbürgerschaft in Österreich 22
4.1 Erwerb durch Abstammung 23
4.2 Erwerb durch Legitimation 25
4.3 Erwerb durch Verleihung aufgrund von Ermessen 26
4.3.1 Aufenthalt und Niederlassung 27
4.3.2 Gesicherter Lebensunterhalt 27
4.3.3 Ausreichende Deutschkenntnisse 28
4.3.4 Grundkenntnisse der demokratischen Ordnung, der sich daraus ableitbaren Grundprinzipien, der Geschichte Österreichs und des jeweiligen Bundeslandes 30
4.3.5 Hindernisse für die Verleihung 30
4.4 Erwerb durch Anzeige 36
4.5 Verlust der Staatsbürgerschaft 36
5. Die rechtsphilosophische Begründung politischer Partizipationsrechte 38

5.1 Das Rechts- und Demokratieverständnis Jürgen Habermas' als Begründung 41
5.2 Die Menschenwürde bei Kirste als Begründung 48
6. Der Inhalt politischer Partizipationsrechte 51
6.1 Habermas' Rechtsbegriff 51
6.1.1 Der Diskurs im Allgemeinen – Inhalt der Diskursrechte 52
6.1.2 Der Diskurs der Rechtsetzung – Inhalt der politischen Partizipationsrechte 54
6.2 Einwände gegen den Rechtsbegriff 58
6.2.1 Zwangsfreier, handlungsentlasteter Diskurs 59
6.2.2 Die Verbindung zwischen Recht und Gerechtigkeit 63
6.2.3 Zustimmung aller Rechtsgenossinnen und Rechtsgenossen .65
6.3 Der Inhalt politischer Partizipationsrechte nach Kirste 68
7. Wahlrecht als Menschen- oder Staatsbürgerrecht? 70
7.1 Autorenschaft am Recht als Selbstgesetzgebung nach Habermas 71
7.2 Rechtsgenossenschaft als Staatsbürgerschaft 78
7.2.1 Der Einwand der Abgrenzung der Teilnehmerinnen und Teilnehmer des Diskurses – Eine Verletzung der Selbstgesetzgebung? 81
7.3 Partizipation als Menschenrecht nach Kirste 88
7.3.1 Beschränkung des Wahlrechts – Die Betroffenheit von Entscheidungen 90
7.3.2 Beschränkungen des Wahlrechts – Rechtsmündigkeit und der Sprache 98

8. Philosophische Konzepte von Staatsbürgerschaft 103
8.1 Individualistisch-instrumenteller Ansatz 107
8.2 Ethisch-kommunitaristischer Ansatz 110
8.3 Der Ansatz der österreichischen Rechtsordnung – ein Vergleich mit dem kommunitaristischen Ansatz 119
8.3.1 Erwerb durch Abstammung 121
8.3.2 Erwerb durch Legitimation 128
8.3.3 Erwerb durch Verleihung – Voraussetzungen 128
8.3.4 Erwerb durch Verleihung – Hindernisse 136
8.3.5 Erwerb durch Anzeige 141
8.3.6 Verlust der Staatsbürgerschaft 142
9. Wahlrecht als Staatsbürgerrecht 143
Quellenverzeichnis 149
Literaturverzeichnis 149
Internetquellen 156
Judikaturverzeichnis 158
Normenverzeichnis 159

Abstract Deutsch

Das politische Partizipationsrecht Wahlrecht wird in der österreichischen Rechtsordnung nur den Staatsbürgerinnen und Staatsbürgern gewährt. Das Ziel dieser Arbeit ist es zu untersuchen, ob ausgewählte rechtsphilosophische Argumente dafürsprechen, das Wahlrecht auch Personen ohne Staatsbürgerschaft zu verleihen.

Um diese Frage zu beantworten, werden politische Partizipationsrechte mit dem Verständnis von Recht nach Jürgen Habermas und anhand der Menschenwürde nach Stephan Kirste begründet werden. Nachdem der Inhalt dieser Partizipationsrechte genauer beschrieben wurde, wird gezeigt, dass Habermas nach seiner Definition von Selbstgesetzgebung das Wahlrecht den Staatsbürgerinnen und Staatsbürgern vorbehält. Kirste kann zwar so gelesen werden, dass er allen vom Recht betroffenen Personen das Wahlrecht verleiht, jedoch kann eine Einschränkung des Wahlrechts auf die Staatsbürgerinnen und Staatsbürger gerechtfertigt werden.

In zwei letzten Schritten ist noch zu klären, welches philosophische Konzept von Staatsbürgerschaft von Habermas verwendet wird und ob das Konzept von Staatsbürgerschaft der österreichischen Rechtsordnung sich damit deckt. Habermas verwendet ein kommunitaristisches Konzept, in dem die Partizipation einen Selbstzweck ist und nicht ein bloßes Mittel zum Zweck darstellt. Die Bürgerinnen und Bürger müssen sich mit der politischen Kultur identifizieren können. Der Ansatz der österreichischen Rechtsordnung ist zu weit, denn er lässt zu, dass auch Personen die Staatsbürgerschaft erwerben, ohne dass sie sich mit der politischen Kultur identifizieren.

Es sprechen keine überzeugenden Argumente dafür, das Wahlrecht auch Personen ohne Staatsbürgerschaft zu gewähren, weil das Konzept der österreichischen Rechtsordnung zu weit ist.

Abstract English

Only citizens are entitled to vote in the Austria legal order. The aim of this paper is to assess, whether selected philosophical arguments favour the fact, that the right to vote should be granted to persons without citizenship.

To answer this question political participation rights will be established with the understanding of law according to Jürgen Habermas and the human dignity according to Stephan Kirste. After defining the content of these rights more precisely, it will be shown, that Habermas only grants the citizens the right to vote according to his definition of self-rule. One can understand Kirste in a way, that everybody, who is affected by the laws of a state, should be granted the right to vote. Nevertheless, limitations on the right to vote can be justified.

In the last two steps one has to define, what philosophical concept of citizenship Habermas uses and if the concept of the Austrian legal order corresponds to this. Habermas uses a communitarian concept of citizenship. Participation should be seen as a self-purpose and not a means to an end. The citizens have to identify themselves with the political culture. The concept of the Austrian legal order is too broad, because it allows for persons to become citizens, even if they do not identify themselves with the political culture.

There are no convincing philosophical arguments in favour of granting persons without citizenship the right to vote. This is due to the fact that the concept of citizenship of the Austrian legal order is too broad compared to the philosophical concept.

Keywords: Demokratie, politische Partizipation, Wahlrecht, diskursiver Rechtsbegriff, Menschenwürde, Staatsbürgerschaft; democracy, political participation, right to vote, discursive understanding of law, human dignity, citizenship.

1. Problemstellung

Politische Partizipationsrechte wie das Recht auf freie Meinungsäußerung, die Versammlungsfreiheit oder das Wahlrecht wurden und werden nicht immer allen Personen gewährt, sondern nur bestimmten Personenkreisen. In den absolutistischen Monarchien Europas waren der breiten Masse der Bevölkerung solche Partizipationsrechte vorenthalten. Im Laufe des 19. Jhd. wurden diese Rechte schrittweise einem immer größer werdenden Personenkreis gewährt.[1]

So gewährt beispielsweise das Staatsgrundgesetz über die allgemeinen Rechte der Staatsbürger aus dem Jahr 1867 allen Staatsbürgerinnen und Staatsbürgern Österreichs in Art.12 die Versammlungsfreiheit.[2] Das Wahlrecht zu parlamentarischen Vertretungskörpern wurde anfangs nicht nur an die Staatsbürgerschaft geknüpft, sondern auch an das Geschlecht. Frauen waren davon ausgeschlossen. Erst mit der Gründung der Republik Österreich im Jahr 1918 wurde das allgemeine Wahlrecht für alle Staatsbürgerinnen und Staatsbürger unabhängig vom Geschlecht in Österreich eingeführt.[3]

Aus heutiger Perspektive würden rechtsphilosophische Überlegungen gegen eine Beschränkung des Wahlrechts aufgrund des Geschlechts sprechen. Es stellt sich nun die Frage, ob rechtsphiloso-

---

[1] *Berka*, Verfassungsrecht Grundzüge des österreichischen Verfassungsrechts für das juristische Studium[4] (2012) Rz 1166 – 1167.

[2] Staatsgrundgesetz über die allgemeinen Rechte der Staatsbürger (StGG 1867), RGbl 142/1867 idF RGbl 142/1867.

[3] *Mayer/Kucsko-Stadlmayer/Stöger*, Grundriss des österreichischen Bundesverfassungsrechts[11] (2015) Rz 57.

phische Überlegungen dagegensprechen könnten, das Wahlrecht auf Personen mit Staatsbürgerschaft zu beschränken. Die Staatsbürgerschaft nach der geltenden österreichischen Rechtslage könnte sich als untaugliche Beschränkung, wie das Geschlecht, für die Gewährung des Wahlrechts herausstellen. Denn Personen, denen das Wahlrecht aufgrund rechtsphilosophischer Überlegungen zustehen sollte, könnte das Wahlrecht verwehrt bleiben, weil ihnen die österreichische Staatsbürgerschaft von der geltenden Rechtslage nicht gewährt wird.

Diese Diplomarbeit soll zeigen, ob einige ausgewählte rechtsphilosophische Argumente ein Wahlrecht für Personen ohne Staatsbürgerschaft überzeugend begründen können, wobei eine Beschränkung hinsichtlich der untersuchten Vertretungskörper und gewählten Ämter erfolgt, auf die in Kapitel 3 eingegangen wird.

In einem ersten Abschnitt soll die Problemstellung im Hinblick auf politische Partizipationsrechte genauer erläutert werden. In einem zweiten Abschnitt wird die geltende Rechtslage analysiert. Dabei wird zuerst auf die Rechtsquellen, wie das Bundesverfassungsgesetz und das Staatsbürgerschaftsgesetz, eingegangen, um zu klären, wem das Partizipationsrecht Wahlrecht zukommt und wie man die österreichische Staatsbürgerschaft erwirbt. Auf die Erwerbsarten der Staatsbürgerschaft nach dem StbG ist daher genauer einzugehen: Abstammung, Legitimation, Verleihung und Anzeige.

In einem dritten Abschnitt wird definiert werden, um was es sich bei politischen Partizipationsrechten aus philosophischer Sicht handelt. Es werden diese Rechte, zu denen auch das Wahlrecht zählt, anhand von Jürgen Habermas' Demokratie- und Rechtstheorie und der Menschenwürde nach Kirste begründet werden.

Danach muss geklärt werden, was deren Inhalt ist und wem das Wahlrecht als eines dieser politischen Partizipationsrechte zukommt. Es gilt den Kreis der Rechtsträgerinnen und Rechtsträger zu bestimmen. Wenn es sich um ein Menschenrecht handelt, dann sprechen überzeugende Argumente dafür, das Wahlrecht auch auf Personen ohne Staatsbürgerschaft auszudehnen.

Wenn es sich aber um ein Staatsbürgerrecht handelt, dann muss in einem nächsten Schritt geklärt werden, welches philosophische Konzept von Staatsbürgerschaft dahintersteht. Sobald klar ist, welches Verständnis von Staatsbürgerschaft gemeint ist, ist dieses mit dem der geltenden österreichischen Rechtslage zu vergleichen. Wenn sich dieses philosophische Verständnis und das der österreichischen Rechtsordnung decken, dann sprechen keine Argumente dafür das Wahlrecht auszudehnen. Wenn sich die beiden Konzepte aber nicht decken, dann sprechen Argumente dafür, das Wahlrecht auszudehnen oder unter Umständen sogar einzuschränken. Eine Einschränkung würde aber nur in Frage kommen, wenn das philosophische Konzept von Staatsbürgerschaft enger ist als das der österreichischen Rechtsordnung.

2. Politische Partizipationsrechte

In einem ersten Schritt ist eine allgemeine Definition von politischen Partizipationsrechten aufzustellen. Es ist anzumerken, dass Habermas[4] aber auch Kirste[5] eigene Definitionen politischer Partizipationsrechte verwenden, auf die noch in den entsprechenden Kapiteln eingegangen wird. Partizipationsrechte setzen sich aus zwei Elementen zusammen: der Partizipation und dem Recht auf Partizipation.

Partizipation umfasst alle Tätigkeiten, die die Bürgerinnen und Bürger freiwillig mit dem Ziel ausüben, Entscheidungen auf den verschiedenen Ebenen des politischen Systems zu beeinflussen.[6] In diesem Zusammenhang ist Recht nicht bloß als Zugehörigkeit einer Rechtsnorm zu einem Rechtsbestand zu verstehen, sondern als durchsetzbarer Anspruch einer Rechtsträgerin oder eines Rechtsträgers im Sinne eines subjektiven Rechts. Wenn man diese beiden Elemente zusammenfügt, dann ergibt sich folgendes vorläufige Verständnis von politischen Partizipationsrechten:

Politische Partizipationsrechte verleihen den einzelnen Personen durchsetzbare Ansprüche darauf, Entscheidungen auf verschiedenen Ebenen des politischen Systems zu beeinflussen, wobei die Trägerinnen und Träger der Partizipationsrechte nicht dazu ge-

---

[4] *Habermas*, Faktizität und Geltung Beiträge zur Diskurstheorie des Rechts und des demokratischen Rechtsstaates[4] (1994) 141, 153, 156 – 157.
[5] *Kirste*, Politische Partizipation und globale Politik – Zur menschenrechtlichen Begründung eines Rechts auf globale Partizipation, in Reinau/Ungern-Sternberg (Hrsg), Colloquium Rauricum Band 13 Politische Partizipation Idee und Wirklichkeit von der Antike bis in die Gegenwart (2013) 309 (322).
[6] *Nohlen* (Hrsg), Wörterbuch Staat und Politik (1991) 466.

zwungen werden dürfen, diese Rechte auszuüben. Diese Freiheit von Zwängen ergibt sich aus dem Element der Freiwilligkeit der Definition politischer Partizipationsrechte.[7]

Viele europäische Staaten, zu denen auch Österreich zählt, sind parlamentarische Demokratien. Das politische System Österreichs könnte man als parlamentarische Demokratie mit präsidentiellem Einschlag bezeichnen.[8] Für die weiteren Ausführungen ist diese hervorgehobene Stellung der Bundespräsidentin oder des Bundespräsidenten aber unerheblich. Parlamentarische Demokratien kennzeichnen sich dadurch, dass verschiedene Vertretungskörper, die Parlamente, bestehen, deren Mitglieder durch die Wahlberechtigten auf Grundlage einer Wahl für eine bestimmte Zeitdauer bestimmt werden und im Namen der Wahlberechtigten ein Mandat ausüben.[9] Diese Vertretungskörper haben bestimmte Kompetenzen innerhalb der verschiedenen Rechtsordnungen. Zu diesen zählen unter anderem die Erzeugung von Rechtsnormen oder auch Kontroll- und Fragerechte gegenüber der Verwaltung wie der Regierung.[10]

Beim Wahlrecht zu diesen Vertretungskörpern handelt es sich um ein politisches Partizipationsrecht, denn damit können die Wahlberechtigten bestimmen, wer Mitglied dieser Vertretungskörper wird. Somit bestimmen sie mittelbar, wie die politische Willensbildung dieser Vertretungskörper erfolgt.

---

[7] *Nohlen* (Hrsg), Wörterbuch Staat und Politik 466.

[8] *Grabenwarter/Frank,* B-VG und Grundrechte Kurzkommentar Art 1 Rz 10 (Stand: 20.6.2020).

[9] *Berka*, Verfassungsrecht^4 Rz 128, 130.

[10] *Berka*, Verfassungsrecht^4 Rz 512.

Da sich diese Diplomarbeit auf das Wahlrecht als politisches Partizipationsrecht beschränkt, wird dieses der zentrale Gegenstand der Untersuchung sein.

3. Wahlrecht

Dieser Abschnitt wird die geltende Rechtslage anhand der Rechtsquellen in Österreich analysieren und darstellen, welchen Personen das Partizipationsrecht Wahlrecht gewährt wird und welche zentrale Rolle die Staatsbürgerschaft dabei spielt.

Das Bundesverfassungsgesetz bildet die Grundlage der staatlichen Ordnung in Österreich. Daher finden sich darin grundlegende Bestimmungen über die Staatsorganisation. Art.1 Abs.1 B-VG besagt, dass Österreich eine demokratische Republik ist. Staatsform ist die Republik, während die Regierungsform die Demokratie ist.[11] Die Staatsform meint die politisch organisierte Gemeinschaft, während Regierung sich auf die Personen bezieht, die die politische Gemeinschaft kontrollieren.[12]

In diesem Zusammenhang sind die Grundprinzipien des B-VG zu nennen, eine Schicht von Prinzipien, die eine Stufe über dem Verfassungsrecht im Stufenbau der Rechtsordnung stehen.[13] Eines dieser Grundprinzipien ist das demokratische Prinzip.[14] Für das demokratische Grundprinzip spielen unter anderem die Artikel des B-VG, die Wahlen regeln, eine wichtige Rolle. Die Wahl des Nationalrats,

---

[11] *Muzak*, B-VG Kommentar[6] Art 1 Rz 1 (Stand: 1.10.2020).
[12] <www.strephonsays.com/difference-between-state-and-government> (24.3.2021).
[13] *Öhlinger/Eberhard*, Verfassungsrecht[12] (2019) Rz 62.
[14] *Öhlinger/Eberhard*, Verfassungsrecht[12] Rz 63, 66.

der Bundespräsidentin oder des Bundespräsidenten, der Landtage und des Gemeinderates sind von zentraler Bedeutung für dieses Prinzip.[15]

Ein wesentliches Element dieses demokratischen Prinzips ist die Mitwirkung des Volkes an der Gesetzgebung und somit der politischen Willensbildung. Dies kann als Ausdruck der grundlegenden Idee der Demokratie verstanden werden: der Identität von Beherrschten und Herrschenden.[16] Wie das B-VG dieses Prinzip ausgestaltet, wird nun erläutert werden. Dabei wird aber nur auf einige nationale Institutionen eingegangen. Einziger untersuchter Selbstverwaltungskörper sind die Gemeinden. Des Weiteren wird die kollektive Rechtssetzung, wie man sie in Betriebsvereinbarungen oder Kollektivverträgen findet, auch nicht Gegenstand der Untersuchung sein.

3.1 Der Nationalrat

Art.26 Abs.1 B-VG regelt die Wahl zum Nationalrat, dem zentralen Legislativorgan auf Bundesebene. Die Mitwirkung des Bundesrates an der Bundesgesetzgebung ergibt sich aus Art.24 B-VG, auf die aber nicht genauer einzugehen ist. Dem Wortlaut nach ist es das Bundesvolk, das den Nationalrat wählt. Zwar nennt der Artikel noch weitere Voraussetzungen, weil diese Arbeit sich aber auf die Bedeutung der Staatsbürgerschaft im Zusammenhang mit dem Wahlrecht beschränkt, sind diese weiteren Voraussetzungen nicht zu untersuchen. Der Begriff des Bundesvolkes wird nicht in Form einer Le-

---

[15] *Berka*, Verfassungsrecht[4] Rz 133 – 134.
[16] *Öhlinger/Eberhard*, Verfassungsrecht[12] Rz 331.

galdefinition bestimmt, sondern muss durch Interpretation ermittelt werden. Hier kommt Art.26 Abs.7 B-VG eine bedeutende Rolle zu, denn der Bundesgesetzgeber wird dazu ermächtigt, mittels Gesetz die näheren Bestimmungen des Wahlverfahrens zum Nationalrat zu regeln.[17] Von dieser Ermächtigung wurde mit der Nationalratswahlordnung 1992 Gebrauch gemacht.[18]

Wenn die Frage gestellt wird, wer die Abgeordneten des Nationalrates wählen darf, dann ist damit das aktive Wahlrecht gemeint. Das passive Wahlrecht regelt, wer zum Nationalrat als Abgeordnete oder Abgeordneter gewählt werden kann. § 21 Abs.1 NRWO knüpft das aktive Wahlrecht an mehrere Voraussetzungen, ähnlich wie bereits Art.26 B-VG, wobei die österreichische Staatsbürgerschaft eine dieser Voraussetzungen ist.[19] Das passive Wahlrecht steht nach Art.26 Abs.4 B-VG auch nur österreichischen Staatsbürgerinnen und Staatbürgern zu. Es werden keine Erfordernisse hinsichtlich eines Wohnsitzes für das aktive Wahlrecht in Österreich gestellt.[20]

§ 24 Abs.1 Satz NRWO spricht eindeutig davon, dass es im Ausland lebende aktiv wahlberechtigte Personen geben kann.[21] Daher sind auch Personen mit österreichischer Staatsbürgerschaft, die sich nicht ständig in Österreich aufhalten, zum Nationalrat aktiv wahlbe-

---

[17] Bundesverfassungsgesetz (B-VG), BGBl 1/1930 idF I 2/2021.
[18] *Grabenwarter/Frank,* B-VG und Grundrechte Art 26 Rz 21; Nationalratswahlordnung 1992 (NRWO), BGBl 471/1992 idF I 32/2018.
[19] Nationalratswahlordnung 1992 (NRWO), BGBl 471/1992 idF I 32/2018.
[20] Bundesverfassungsgesetz (B-VG), BGBl 1/1930 idF I 2/2021.
[21] Nationalratswahlordnung 1992 (NRWO), BGBl 471/1992 idF I 32/2018.

rechtigt. Diese Interpretation deckt sich auch mit der Literatur und Judikatur.[22]

Zusammenfassend lässt sich sagen, dass nur österreichischen Staatsbürgerinnen und Staatsbürgern sowohl das aktive als auch passive Wahlrecht zum österreichischen Nationalrat zusteht.

3.2 Die Landtage

Art.95 Abs.1 B-VG regelt die Wahl zu den Landtagen, die die Gesetzgebung auf Landesebene ausüben. Es wird direkt an die Eigenschaft Landesbürgerin oder Landesbürger zu sein angeknüpft, um das Wahlrecht zu den Landtagen zu begründen. In Art.95 Abs.1 B-VG in Verbindung mit Art.95 Abs.4 B-VG findet man eine Ermächtigung an den Landesgesetzgeber, die Wahlen mittels Landtagswahlordnungen auszugestalten. Art.95 Abs.2 B-VG enthält jedoch eine Beschränkung hinsichtlich des Spielraumes, den der Landesgesetzgeber in dieser Frage hat: Die Voraussetzungen des aktiven Wahlrechts dürfen nicht enger gezogen werden und die des passiven Wahlrechts dürfen vom Landesgesetzgeber weder enger noch weiter gezogen werden, als das B-VG dies für Wahlen zum Nationalrat tut.[23] Es handelt sich dabei um das sogenannte wahlrechtliche Homogenitätsgebot.[24]

---

[22] *Berka*, Verfassungsrecht^4 Rz 514; *Grabenwarter/Frank,* B-VG und Grundrechte Art 26 Rz 4; *Muzak,* B-VG^6 Art 26 Rz 2; VfGH 16.03.1989, G218/88.

[23] Bundesverfassungsgesetz (B-VG), BGBl 1/1930 idF I 2/2021.

[24] *Berka*, Verfassungsrecht^4 Rz 513.

Es muss nun die Frage geklärt werden, welche Bedeutung der Begriff „Landesbürger" oder „Landesbürgerin" in Art.95 Abs.1 B-VG hat. Art.6 Abs.2 B-VG enthält die Bestimmung, dass eine einheitliche Staatsbürgerschaft für die Republik Österreich besteht. Nach Art.6 Abs.2 knüpft die Landesbürgerschaft an den Hauptwohnsitz der betreffenden Person an.[25] Wenn eine Person also ihren Hauptwohnsitz in einem Bundesland hat, dann ist sie Landesbürgerin oder Landesbürger des betreffenden Bundeslandes. Eine Legaldefinition des Begriffes Hauptwohnsitz findet sich in Art.6 Abs.3 B-VG. Der Hauptwohnsitz ist dort, wo sich eine Person in der Absicht niedergelassen hat, den Mittelpunkt ihrer Lebensbeziehungen zu schaffen.[26] Im Gegensatz zum bloßen Aufenthalt impliziert Niederlassung eine gewisse Dauerhaftigkeit.

Weil eine einheitliche Staatsbürgerschaft besteht, ist jede Landesbürgerin und jeder Landesbürger auch österreichische Staatsbürgerin oder österreichischer Staatsbürger.[27] Zu den Landtagen sind also nur Personen mit österreichischer Staatsbürgerschaft aktiv und passiv wahlberechtigt, wobei jedoch das zusätzliche Hauptwohnsitzerfordernis im jeweiligen Bundesland zu beachten ist. Auch diese Interpretation des B-VG deckt sich mit der Literatur.[28]

---

[25] Bundesverfassungsgesetz (B-VG), BGBl 1/1930 idF I 2/2021.
[26] Bundesverfassungsgesetz (B-VG), BGBl 1/1930 idF I 2/2021.
[27] Bundesverfassungsgesetz (B-VG), BGBl 1/1930 idF I 2/2021.
[28] *Berka*, Verfassungsrecht[4] Rz 591; *Grabenwarter/Frank*, B-VG und Grundrechte Art 6 Rz 2, Art 95 Rz 2; *Muzak*, B-VG[6] Art 6 Rz 2, Art 95 Rz 3.

3.3. Das Amt der Bundespräsidentin oder des Bundespräsidenten

Art.60 Abs.1 B-VG regelt die Wahl zum Amt der Bundespräsidentin bzw. des Bundespräsidenten. Wieder findet man hier den Begriff Bundesvolk.[29] Daher kann auf die Ausführungen zur Wahl zum Nationalrat verwiesen werden, denn gem. § 4 Bundespräsidentenwahlgesetz knüpft das aktive Wahlrecht an das Wahlrecht zum Nationalrat an. § 5a Abs.5 BPräsWG spricht wieder eindeutig von Wahlberechtigten mit Hauptwohnsitz im Ausland, weswegen ein Wohnsitz in Österreich nicht nötig ist, um aktiv wahlberechtigt zu sein.[30] Das passive Wahlrecht ergibt sich aus Art.60 Abs.3 B-VG und knüpft auch an die Wählbarkeit zum Nationalrat an.[31]

3.4 Die Gemeinderäte und Bürgermeisterinnen und Bürgermeister

Als letzter Normenkomplex sind die Bestimmungen für die Wahl der Gemeinderäte nach Art.117 Abs.2 B-VG zu analysieren. Gem. Art.117 Abs.6 B-VG wird die Bürgermeisterin oder der Bürgermeister in der Regel vom Gemeinderat gewählt. Jedoch kann die Landesverfassung der einzelnen Bundesländer vorsehen, dass die Wahlberechtigten die Bürgermeisterin oder den Bürgermeister direkt wählen.[32] So sieht beispielsweise Art.52 Abs.2 des Salzburger Landesverfassungsgesetzes dies vor. [33] Art.117 B-VG spricht von Staatsbürgerinnen und Staatsbürgern. Ähnlich wie bei den Landes-

---

[29] Bundesverfassungsgesetz (B-VG), BGBl 1/1930 idF I 2/2021.
[30] Bundespräsidentenwahlgesetz 1971 (BPräsWG), BGBl 57/1971 idF I 61/2018.
[31] Bundesverfassungsgesetz (B-VG), BGBl 1/1930 idF I 2/2021.
[32] Bundesverfassungsgesetz (B-VG), BGBl 1/1930 idF I 2/2021.
[33] Salzburger Landesverfassungsgesetz 1999 (L-VG), LGBl 97/1999 idF 41/2019.

bürgerinnen und Landesbürgern wird zusätzlich auf den Hauptwohnsitz nach Art.6 Abs.3 B-VG in der jeweiligen Gemeinde abgestellt, um das aktive und passive Wahlrecht zu begründen. Es sind nur Personen mit österreichischer Staatsbürgerschaft aktiv und passiv wahlberechtigt, was sich klar aus dem Wortlaut des Art.117 Abs.2 B-VG ergibt[34] und sich wieder mit der in der Literatur vertretenen Meinung deckt.[35]

Das Unionsrecht erweitert den Kreis der Wahlberechtigten jedoch. Als Mitglied der europäischen Union ist Österreich an das Unionsrecht, das unmittelbare Geltung und Anwendungsvorrang auch vor nationalem Verfassungsrecht hat, gebunden.[36] Daher sind die Bestimmungen des Vertrages über die Arbeitsweise der europäischen Union unmittelbar anwendbar und haben Anwendungsvorrang vor dem B-VG.[37] Art.22 AEUV sieht ein aktives und passives Wahlrecht für Unionsbürgerinnen und Unionsbürger auf Ebene der Gemeinden vor.[38] Verglichen mit den vorherigen nationalen Bestimmungen des B-VG knüpft dieses Wahlrecht nicht an die österreichische Staatsbürgerschaft, sondern auch an die Unionsbürgerschaft an.

---

[34] Bundesverfassungsgesetz (B-VG), BGBl 1/1930 idF I 2/2021.
[35] *Grabenwarter/Frank,* B-VG und Grundrechte Art 117 Rz 5; *Muzak,* B-VG[6] Art 117 Rz 3.
[36] EuGH 15.07.1964, C-6/64 (Flaminio Costa gegen E.N.E.L.); EuGH 05.02.1963, C-26/62 (NV Algemene Transport- en Expeditie Onderneming van Gend & Loos gegen Niederländische Finanzverwaltung); *Schroeder*, Grundkurs Europarecht[6] (2019) § 5 Rz 18.
[37] *Schroeder*, Europarecht[6] § 5 Rz 3.
[38] *Fruhmann* in *Jaeger/Stöger* (Hrsg), EUV/AEUV Kommentar Art 22 AEUV Rz 15 – 16 (Stand: 1.7.2019).

Unionsbürgerin oder Unionsbürger ist gem. Art.20 Abs.1 AEUV, wer die Staatsbürgerschaft eines der Mitgliedstaaten der EU besitzt. Bei der Unionsbürgerschaft handelt es sich nicht um eine eigene Staatsbürgerschaft, die die nationalen Staatsbürgerschaften ersetzt.[39] Die EU ist kein Staat.[40] Eine internationale Organisation wie die EU kann daher nicht Staatsbürgerinnen und Staatsbürger haben.[41] Das aktive und passive Wahlrecht auf Gemeindeebene für den Gemeinderat und in einigen Bundesländern für die Bürgermeisterin oder den Bürgermeister steht also auch Personen mit der Staatsbürgerschaft anderer Mitgliedstaaten der EU offen und beschränkt sich nicht nur auf die Staatsbürgerinnen und Staatsbürger Österreichs.

Dieses Kapitel zeigte, dass das Wahlrecht an die österreichische Staatsbürgerschaft knüpft, wobei auf Gemeindeebene auch Personen mit Unionsbürgerschaft ein aktives und passives Wahlrecht zukommt, was aber eine Ausnahme darstellt.

---

[39] *Wimberger* in *Jaeger/Stöger* (Hrsg), EUV/AEUV Kommentar Art 20 AEUV Rz 10 (Stand: 1.9.2020).
[40] *Schroeder*, Europarecht[6] § 3 Rz 7.
[41] *Wimberger* in EUV/AEUV Art 20 AEUV Rz 10.

4. Staatsbürgerschaft in Österreich

Nachdem nun klar ist, dass die österreichische Staatsbürgerschaft von der geltenden Rechtslage zur Voraussetzung für das politische Partizipationsrecht Wahlrecht gemacht wird, muss nun geklärt werden, welche Voraussetzungen an den Erwerb der österreichischen Staatsbürgerschaft geknüpft werden, damit der Kreis der Staatsbürgerinnen und Staatsbürger bestimmt werden kann.

Regelungsgegenstand des Staatsbürgerschaftsgesetzes 1985 ist, welchen Personen unter welchen Bedingungen die österreichische Staatsbürgerschaft zukommt.[42] Das StbG unterscheidet in Personen mit österreichischer Staatsbürgerschaft und Fremde, Personen ohne österreichische Staatsbürgerschaft.[43] In den folgenden Ausführungen sind mit Staatsbürgerinnen und Staatsbürgern Personen mit österreichischer Staatsbürgerschaft gemeint.

Der Begriff der Staatsbürgerschaft wird selbst nicht definiert. Die Staatsbürgerschaft sind die sich aus der Staatsangehörigkeit ergebenden Rechte und Pflichten einer natürlichen Person zu dem Staat, dem sie angehört. Es handelt sich also um die Zugehörigkeit zu einer Rechtsgemeinschaft eines Staates. Wichtig ist festzuhalten, dass die Staatsbürgerschaft auch einen identitären Aspekt hat. Es handelt sich also um eine Beziehung, die weiter geht als die rechtliche Beziehung.[44]

---

[42] *Kind* in Ecker/Kind/Kvasina/Peyrl, StbG Kommentar Einleitung Rz 9, 15 (2017).
[43] *Fessler/Fessler/Pfandner*, Staatsbürgerschaftsrecht Kommentar § 2 Rz 3 – 4 (Stand: 22.2.2018).
[44] *Herdegen*, Völkerrecht[11] (2012) § 25 Rz 2; *Kind* in StbG Einleitung Rz 10 – 11.

Diese Unterscheidung wird in Kapitel 8 über die philosophischen Konzepte von Staatsbürgerschaft genauer behandelt werden.

Vorweg ist festzustellen, dass das österreichische StbG dem ius sanguinis folgt, während andere Rechtsordnungen entweder dem ius soli folgen oder eine Mischform vorsehen. Vereinfacht gesagt kommt es beim ius sanguinis auf die Abstammung der Person an, während es beim ius soli auf den Geburtsort ankommt, um die Staatsbürgerschaft zu erwerben. Die vier zentralen Erwerbsarten des österreichischen StbG sind die Abstammung, Legitimation, Verleihung und Anzeige.[45] In den folgenden Unterkapiteln werden die einzelnen Erwerbsarten dargestellt.

4.1 Erwerb durch Abstammung

Der Erwerb durch Abstammung nach § 7 Abs.1 StbG richtet sich nach der Staatsbürgerschaft der Mutter oder des Vaters eines Kindes. Die Mutter oder der Vater geben ihre Staatsbürgerschaft an ihre Kinder weiter, wenn diese geboren werden. Die Begriffe Mutter und Vater sind nach dem ABGB[46] und somit nach österreichischem Recht zu bestimmen.[47] Wenn die Mutter Staatsbürgerin im Zeitpunkt der Geburt ist, erwirbt das Kind die Staatsbürgerschaft ex lege mit der Geburt. Dies ist unabhängig von der Staatsbürgerschaft des Vaters. Die Mutter ist nach § 143 ABGB die Frau, die das Kind zur Welt bringt.[48]

---

[45] *Bachmann* et al. (Hrsg), Besonderes Verwaltungsrecht[12] (2018) 212 – 213.
[46] *Krumphuber* in *Plunger/Esztegar/Eberwein*, StbG Kommentar § 7 Rz 1 (Stand: 1.12.2016).
[47] *Kind* in Ecker/Kind/Kvasina/Peyrl, StbG Kommentar § 7 Rz 9 (2017).
[48] *Kind* in StbG § 7 Rz 1, 10 – 12.

Wenn der Vater Ehemann der Mutter ist, erwirbt das Kind auch die Staatsbürgerschaft kraft Abstammung.[49] Kinder, die während aufrechter Ehe geboren werden, gelten als die Kinder des Ehemannes der Mutter.[50] Somit erwerben die während aufrechter Ehe geborenen Kinder die Staatsbürgerschaft, wenn der Ehemann der Mutter Staatsbürger ist.[51] Dies gilt auch für den Fall, dass der Vater mit Staatsbürgerschaft die Vaterschaft anerkannt hat oder diese gerichtlich festgestellt wurde. Ein wirksames Anerkenntnis bewirkt also auch den Erwerb der Staatsbürgerschaft kraft Abstammung.[52]

§ 7 Abs.3 StbG scheint den Geburtsort zu einem entscheidenden Faktor zu machen, aber diese Bestimmung kommt nur subsidiär zu Abs.1 und bei Gefahr der Staatenlosigkeit des Kindes zur Anwendung.[53] Zusammengefasst ist allen Varianten des Tatbestandes des Erwerbs durch Abstammung gleich, dass sie nicht an den Geburtsort anknüpfen, sondern an die Staatsbürgerschaft der Eltern, weswegen außerhalb Österreichs geborene Kinder die Staatsbürgerschaft kraft Abstammung erwerben können. Eine Mehrfachstaatsbürgerschaft des Kindes ist auch möglich.[54]

---

[49] *Kind* in StbG § 7 Rz 16.
[50] *Fischer-Czermak* in Kletečka/Schauer (Hrsg), ABGB-ON § 144 Rz 2 (Stand: 1.10.2018).
[51] *Kind* in StbG § 7 Rz 16.
[52] *Kind* in StbG § 7 Rz 20, 23.
[53] *Kind* in StbG § 7 Rz 38 – 39.
[54] *Peyrl* in Ecker/Kind/Kvasina/Peyrl, StbG Kommentar § 6 Rz 3 (2017).

4.2 Erwerb durch Legitimation

Der Erwerb der Staatsbürgerschaft durch Legitimation ist das Ehelichwerden unehelich geborener Kinder. Es handelt sich dabei um keinen Spezialfall des Erwerbs durch Abstammung. Das Institut der Legitimation ist ein Überbleibsel einer alten Rechtslage im Zivilrecht.[55] Es bestand davor auch für den Erwerb durch Abstammung ein Ehelichkeitserfordernis.[56] Ehelich und unehelich geborene Kinder sind seit dem Jahr 2013 im Staatsbürgerschaftsrecht umfassend gleichgestellt.[57]

Es sind zwei Fälle zu unterscheiden. Die Voraussetzungen des ersten Falles sind: die oder der Fremde muss unehelich geboren sein, darf im Zeitpunkt der Eheschließung das 14. Lebensjahr nicht vollendet haben, muss ledig sein, der Vater muss im Zeitpunkt der Eheschließung Staatsbürger sein und die Legitimation erfolgt durch die Heirat des österreichischen Vaters mit der Mutter. Der zweite Fall unterscheidet sich dahingehend, dass die Legitimation durch einen behördlichen Akt erfolgt.[58] Wenn der oder die Fremde bereits das 14. Lebensjahr vollendet hat, sind zusätzliche Voraussetzungen in Form einer Frist und der Zustimmung der gesetzlichen Vertreterin oder des Vertreters zu beachten.[59] Das Gericht kann die fehlende Zustimmung ersetzen.[60]

---

[55] *Kind* in Ecker/Kind/Kvasina/Peyrl, StbG Kommentar § 7a Rz 7, 17 – 18 (2017).
[56] Staatsbürgerschaftsgesetz 1985 (StbG), BGBl. Nr. 311/1985 idF 311/1985; VfGH 29.11.2012, G 66/12.
[57] *Krumphuber* in StbG § 7a Rz 1.
[58] *Kind* in StbG § 7a Rz 20.
[59] *Kind* in StbG § 7a Rz 22.
[60] *Krumphuber* in StbG § 7a Rz 4.

Während der Erwerb durch Abstammung an die Geburt anknüpft, ist es bei dem Erwerb durch Legitimation die Heirat der Eltern. Wieder finden sich keine Bestimmungen, die den Geburtsort zu einem entscheidenden Faktor machen.

4.3 Erwerb durch Verleihung aufgrund von Ermessen

Der Erwerb der Staatsbürgerschaft durch Verleihung soll eine Person zur Gänze in Österreich integrieren und gibt somit Personen mit Staatsbürgerschaft anderer Staaten die Möglichkeit, die österreichische Staatsbürgerschaft zu erwerben. Sie ist ein letzter Schritt am Ende der Integration.[61] § 10 Abs.1 StbG bildet systematisch gesehen das Grundgerüst für die Verleihung.[62]

Während dies eine Ermessensentscheidung der Behörde darstellt, kann auch ein Rechtsanspruch auf Verleihung der Staatsbürgerschaft nach §§ 11a ff StbG bestehen.[63] Es wird nur auf die Voraussetzungen für die Verleihung nach §§ 10 ff StbG eingegangen werden, während danach die Hindernisse nach diesen Bestimmungen behandelt werden. Es gibt vier Voraussetzungen für den Erwerb (Kapitel 4.3.1 bis 4.3.4).[64] Der Erwerb erfolgt durch Verleihung mittels Bescheid der Behörde und nicht ex lege wie bei der Abstammung.[65]

---

[61] *Bachmann* et al. (Hrsg), Besonderes Verwaltungsrecht[12] 213.
[62] *Ecker/Kvasina/Peyrl* in Ecker/Kind/Kvasina/Peyrl, StbG Kommentar § 10 Rz 1 (2017).
[63] *Bachmann* et al. (Hrsg), Besonderes Verwaltungsrecht[12] 213.
[64] *Bachmann* et al. (Hrsg), Besonderes Verwaltungsrecht[12] 214 – 216.
[65] *Bachmann* et al. (Hrsg), Besonderes Verwaltungsrecht[12] 214, 222, 224.

4.3.1 Aufenthalt und Niederlassung

§ 10 Abs.1 Z 1 StbG setzt einen rechtmäßigen und ununterbrochenen Aufenthalt von zehn Jahren voraus, wovon die oder der Fremde fünf Jahre niedergelassen sein muss. Der Begriff Niederlassung ist nach § 2 Abs.2 des Niederlassungs- und Aufenthaltsgesetzes zu bestimmen. Es muss sich dabei um einen tatsächlichen oder beabsichtigten Aufenthalt im Bundesgebiet zu einem bestimmten Zweck (Begründung eines Hauptwohnsitzes oder Mittelpunkts der Lebensinteressen sowie Aufnahme einer nicht bloß vorübergehenden Erwerbstätigkeit) handeln.[66] Rechtmäßig bedeutet, dass der Aufenthalt auf einem gültigen Rechtstitel gegründet sein muss.[67] Von diesem Erfordernis kann aber nach § 10 Abs.4 Z 1 StbG abgesehen werden, wenn die oder der Fremde mit Aufenthalt im Bundesgebiet die Staatsbürgerschaft mindestens zehn Jahre hindurch besaß und die Staatsbürgerschaft auf eine andere Art und Weise als durch Entziehung verloren hat.[68]

4.3.2 Gesicherter Lebensunterhalt

Weitere Voraussetzung für den Erwerb ist gem. § 10 Abs.1 Z 7 StbG der hinreichend gesicherte Lebensunterhalt. Beim Lebensunterhalt muss es sich um feste und regelmäßige Einkünfte aus Erwerb, gesetzlichen Unterhaltsansprüchen oder Versicherungsleistungen handeln. Die Lebensführung muss ohne Inanspruchnahme von So-

---

[66] *Bachmann* et al. (Hrsg), Besonderes Verwaltungsrecht[12] 214; Niederlassungs- und Aufenthaltsgesetz (NAG), BGBl I 100/2005 idF I 146/2020.

[67] *Bachmann* et al. (Hrsg), Besonderes Verwaltungsrecht[12] 214. *Fessler/Fessler/Pfandner*, Staatsbürgerschaftsrecht § 10 Rz 5.

[68] *Ecker/Kvasina/Peyrl*, StbG § 10 Rz 264 – 265.

zialhilfeleistungen möglich sein.[69] Es müssen bestimmte Aufwendungen wie Miete, Kredite oder Unterhaltszahlungen abgezogen werden.[70]

Diese Voraussetzung des gesicherten Lebensunterhalts muss nicht erfüllt sein, wenn die oder der Fremde den Lebensunterhalt aus tatsächlichen nicht von ihr oder ihm zu vertretenden Gründen dauerhaft oder nicht in ausreichendem Maße decken kann.[71]

4.3.3 Ausreichende Deutschkenntnisse

In der Regel ist Modul 2 der Integrationsvereinbarung zu erfüllen, um ausreichende Deutschkenntnisse nachzuweisen.[72] Dieses Modul verlangt Deutschkenntnisse auf B1-Niveau.[73] Jedoch können auch Nachweise anderer Bildungseinrichtungen vorgebracht werden.[74] Deutschkenntnisse können auch nachgewiesen werden, wenn ein gewisses Ausbildungsniveau erreicht wird. Dazu reicht bei minderjährigen Personen der Besuch der Primarschule oder Sekundarschule aus, wobei der Unterrichtsgegenstand Deutsch positiv beurteilt sein muss.[75] Die genannten Ausbildungen reichen von einem

---

[69] *Fessler/Fessler/Pfandner*, Staatsbürgerschaftsrecht § 10 Rz 30; *Ecker/Kvasina/Peyrl*, StbG § 10 Rz 99.
[70] *Ecker/Kvasina/Peyrl*, StbG § 10 Rz 116.
[71] *Ecker/Kvasina/Peyrl*, StbG § 10 Rz 95.
[72] *Kind* in Ecker/Kind/Kvasina/Peyrl, StbG Kommentar § 10a Rz 10 (2017).
[73] *Bachmann* et al. (Hrsg), Besonderes Verwaltungsrecht[12] 216; *Bundesministerium für Arbeit, Bundesministerium für Inneres*, Integrationsvereinbarung <https://www.migration.gv.at/de/leben-und-arbeiten-in-oesterreich/rahmenbedingungen-der-integration/integrationsvereinbarung/> (28.4.2021).
[74] *Kind* in StbG § 10a Rz 9.
[75] Integrationsgesetz (IntG), BGBl I 68/2017 idF I 41/2019.

österreichischen Pflichtschulabschluss bis zu einem abgeschlossenen Studium in deutscher Sprache.[76]
Der Nachweis gilt auch als erbracht, wenn Deutsch gem. § 10a Abs.4 Z 1 StbG die Muttersprache der Person ist.[77]

Jedoch sind bestimmte Personen davon ausgenommen, einen solchen Nachweis zu erbringen. Dies gilt nicht nur für die Deutschkenntnisse, sondern auch für die Grundkenntnisse der demokratischen Ordnung in Österreich. Dazu zählen Fälle der erleichterten Wiedereingliederung für Personen, die die Staatsbürgerschaft bereits besaßen, Personen, die von der NSDAP verfolgt wurden, die Verleihung der Staatsbürgerschaft im besonderen Interesse der Republik, die Verleihung für Ehegatten von Staatsbediensteten und die Verleihung an geschiedene Ehegatten.[78] Nach § 10a Abs.2 StbG sind unmündige Minderjährige auch davon ausgenommen, genauso wie Personen, denen der Nachweis aufgrund ihres dauerhaft schlechten psychischen oder physischen Zustandes nicht zugemutet werden kann sowie Personen, die nicht handlungsfähig sind.[79]

[76] Integrationsgesetz (IntG), BGBl I 68/2017 idF I 41/2019.
[77] Staatsbürgerschaftsgesetz 1985 (StbG), BGBl 311/1985 idF I 146/2020.
[78] *Kind* in StbG § 10a Rz 42.
[79] Staatsbürgerschaftsgesetz 1985 (StbG), BGBl 311/1985 idF I 146/2020.

4.3.4 Grundkenntnisse der demokratischen Ordnung, der sich daraus ableitbaren Grundprinzipien, der Geschichte Österreichs und des jeweiligen Bundeslandes

Als zweite Voraussetzung nennt § 10a Abs.1 Z 2 StbG Grundkenntnisse der demokratischen Ordnung und der sich daraus ableitbaren Grundprinzipien sowie der Geschichte Österreichs und des jeweiligen Bundeslandes. Sofern die Ausnahme des Abs.3 nicht anzuwenden ist, kann dieser Demokratie- und Geschichtsnachweis entweder durch Vorlegen eines Schulabschlusses über den Gegenstand „Geschichte- und Sozialkunde" auf dem Niveau der vierten Klasse Mittelschule erbracht werden oder durch Ablegen einer Prüfung.[80]

Die § 10a Abs.5 – 7 StbG sehen ein spezielles Verfahren vor. Das Innenministerium und die Landesregierungen regeln mittels Verordnungen den Inhalt der Prüfung. Zu beachten ist, dass ein etwaiger Nachweis nach § 10a Abs.3 oder 4a (Erreichen eines Bildungsgrades) eine solche Prüfung hinfällig macht. Die Prüfung ist ein Multiple-Choice-Test.[81]

4.3.5 Hindernisse für die Verleihung

Dieses Kapitel wird die Hindernisse für die Verleihung der Staatsbürgerschaft im Detail erläutern. Die Hindernisse für die Verleihung nach § 10 Abs.1 StbG sind: eine Verurteilung durch ein österreichisches oder ausländisches Gericht oder ein anhängiges Strafverfah-

---

[80] *Kind* in StbG § 10a Rz 37.
[81] *Kind* in StbG § 10a Rz 51 – 55.

ren (Z 2 – 4), eine Beeinträchtigung der internationalen Beziehungen durch die Verleihung oder Schädigung der Interessen der Republik Österreich (Z 5, 8), eine Gefahr für öffentliche Interessen und eine fehlende bejahende Einstellung zur Republik (Z 6).[82]

Weitere Hindernisse nach § 10 Abs.2 StbG sind: Übertretungen nach dem Fremdenpolizeigesetz (Z 1), Bestrafung wegen anderer schwerer Verwaltungsübertretungen (Z 2), ein Verfahren wegen eines Aufenthaltsverbotes oder ein Aufenthaltsverbot (Z 3 – 6) und das Nahverhältnis zu einer extremistischen oder terroristischen Gruppierung (Z 7).[83] Zuletzt ist noch zu beachten, dass nach § 10 Abs.3 StbG die oder der Fremde alle erforderlichen Handlungen, um aus dem Staatsverband des anderen Staates auszuscheiden, unternehmen muss (Z 1) bzw. nicht absichtlich die bisherige Staatsbürgerschaft beibehalten darf (Z 2).[84]

Bei dem Hindernis der strafrechtlichen Verurteilung ist zu beachten, dass es sich um eine Vorsatztat, die mit einer Freiheitsstrafe geahndet wurde, handeln muss. Bei Verurteilung ausländischer Gerichte ist zu beachten, dass das betreffende Delikt sowohl nach österreichischem Recht strafbar ist als auch das Verfahren vor dem Gericht Art.6 EMRK entsprochen hat.[85] Das Hindernis der rechtskräftigen inländischen Verurteilung wegen eines Finanzdelikts zu einer Freiheitsstrafe ist wie Z 2 zu verstehen.[86] Das anhängige Strafverfahren

---

[82] *Bachmann* et al. (Hrsg), Besonderes Verwaltungsrecht[12] 214.
[83] *Bachmann* et al. (Hrsg), Besonderes Verwaltungsrecht[12] 216.
[84] *Bachmann* et al. (Hrsg), Besonderes Verwaltungsrecht[12] 215.
[85] *Ecker/Kvasina/Peyrl* in Ecker/Kind/Kvasina/Peyrl, StbG Kommentar § 10 Rz 158 – 160 (2017).
[86] *Ecker/Kvasina/Peyrl* in StbG § 10 Rz 164; VwGH 22.8.2006, 2004/01/0591.

vor einem inländischen Gericht stellt nur ein Hindernis dar, wenn es sich auch um eine Vorsatztat handelt.[87]

Eine wesentliche Beeinträchtigung der internationalen Beziehungen der Republik Österreich wäre beispielsweise, wenn die oder der Fremde sich des Vergehens der Herabwürdigung fremder Symbole, wie der Fahne oder einem Hoheitszeichen eines anderen Staates, schuldig gemacht hat.[88]

Die beiden Begriffe „zur Republik bejahend eingestellt" und „Gefahr für die öffentliche Ruhe, Ordnung und Sicherheit darstellt noch andere in Art.8 Abs.2 EMRK genannte öffentliche Interessen" lassen einen weiten Spielraum für Interpretation zu, weswegen die Judikatur des VwGH hier kasuistisch ist. Um zu bestimmen, ob eine Gefahr für die öffentliche Ruhe, Ordnung und Sicherheit vorliegt, ist auf Verstöße gegen Rechtsvorschriften abzustellen, die der Abwehr allgemeiner Gefahren dienen.[89] Beispiele aus der Judikatur für das Hindernis sind gerichtlich strafbare Handlungen gegen die körperliche Unversehrtheit,[90] die beharrliche Ausübung des Gastgewerbes ohne Bewilligung und unter Verletzung der Vorschriften, die der Gesundheit dienen,[91] aber auch eine Mehrzahl an Verwaltungsübertretungen, die mit der Berufsausübung als Taxifahrer in Zusammenhang stehen.[92]

---

[87] *Ecker/Kvasina/Peyrl* in StbG § 10 Rz 165.
[88] *Ecker/Kvasina/Peyrl* in StbG § 10 Rz 205 – 207.
[89] *Ecker/Kvasina/Peyrl* in StbG § 10 Rz 168 – 169.
[90] VwGH 11.3.1998, 97/01/1095.
[91] VwGH 1.7.1992, 90/01/0055.
[92] VwGH 21.10.1987, 87/01/0141.

Der Unterschied zwischen § 10 Abs.1 Z 8 und Z 5 StbG ist, dass es bei Z 8 zu keiner relevanten Beeinträchtigung der internationalen Beziehungen der Republik Österreich kommt, während diese bei Z 5 nötig ist. Die oder der Fremde darf nicht in solchen Beziehungen zu anderen Staaten stehen, dass die Verleihung der Staatsbürgerschaft die Interessen der Republik schädigen würde. Unter "Beziehung" ist jegliche Verbindung der oder des Fremden mit einem anderen Staat zu verstehen.[93] Ein Beispiel für ein solches Hindernis wäre die Zugehörigkeit zu einem ausländischen Nachrichtendienst[94] oder ein Verfahren wegen Steuerhinterziehung in Höhe von 7,5 Millionen DM in der Bundesrepublik Deutschland. Durch die Verleihung an diese Person würde der Eindruck entstehen, dass Österreich der Steuergesetzgebung Deutschlands keinen Wert beimisst.[95]

§ 10 Abs.2 StbG nennt weitere Hindernisse. Nach Z 1 müssen bestimmte Tatsachen nach § 53 des Fremdenpolizeigesetzes 2005, das die Verhängung eines Einreiseverbotes regelt, vorliegen.[96] Der Begriff „bestimmte Tatsachen" umfasst schon, dass die materiellen Voraussetzungen für ein Einreiseverbot vorliegen, dieses aber nicht verhängt wurde.[97] Die materiellen Voraussetzungen für die Verhängung eines Einreiseverbotes in § 53 Abs.2 und 3 FPG sind zusammengefasst die Folgenden: schwerwiegende Verwaltungsübertretungen, Bestrafung nach dem FPG oder NAG, Erschleichung von

[93] *Ecker/Kvasina/Peyrl* in StbG § 10 Rz 208 – 211; VwGH 23.9.1998, 98/01/0091.
[94] VwGH 16.1.1985, 82/01/0118.
[95] VwGH 16.3.1994, 93/01/0509.
[96] *Ecker/Kvasina/Peyrl* in StbG § 10 Rz 215 – 216.
[97] *Ecker/Kvasina/Peyrl* in StbG § 10 Rz 218 – 220.

Aufenthaltstiteln, Verurteilung wegen einer Vorsatztat durch ein Gericht innerhalb von drei Monaten vor der Einreise.[98]

Damit das Hindernis des § 10 Abs.2 Z 2 StbG als erfüllt gilt, muss es sich um eine schwerwiegende Verwaltungsübertretung handeln. Es muss sich also um eine qualifizierte Form des Delikts handeln.[99] Die Aufzählung des StbG ist demonstrativ.[100] Eine qualifizierte Form eines Delikts entspricht einem besonderen Unrechtsgehalt, der erfüllt ist, wenn die Tat den Tatbestand erheblich überschreitet.[101] Von diesem Hindernis ist aber unter den gleichen Bedingungen wie nach § 10 Abs.4 StbG abzusehen, unter denen auch vom Erfordernis des Aufenthaltes und der Niederlassung abgesehen werde kann.[102]

Die Hindernisse des § 10 Abs.2 Z 3 – 6 StbG lassen sich sinngemäß dahingehend zusammenfassen, dass entweder ein Verfahren zur Aufenthaltsbeendigung anhängig ist oder der oder die Fremde sich aufgrund einer fremdenpolizeilichen Entscheidung nicht auf dem Staatsgebiet aufhalten darf.[103]

Das Hindernis des § 10 Abs.2 Z 7 StbG ist als lex specialis zu § 10 Abs.1 Z 6 StbG zu verstehen, denn jedes Naheverhältnis zu einer extremistischen oder terroristischen Gruppierung stellt eine Gefährdung der öffentlichen Ruhe, Ordnung und Sicherheit dar. Um zu definieren, was eine solche Gruppierung ist, kann auf die Bestimmun-

---

[98] *Ecker/Kvasina/Peyrl* in StbG § 10 Rz 221.
[99] *Ecker/Kvasina/Peyrl* in StbG § 10 Rz 223.
[100] VwGH 19.9.2012, 2010/01/0041.
[101] *Ecker/Kvasina/Peyrl* in StbG § 10 Rz 225.
[102] *Ecker/Kvasina/Peyrl* in StbG § 10 Rz 264 – 265.
[103] Staatsbürgerschaftsgesetz 1985 (StbG), BGBl 311/1985 idF I 146/2020.

gen des StGB wie § 278b Abs.3 verwiesen werden. Eine Verurteilung muss nicht vorliegen.[104]

Als letzter Normenkomplex ist das Hindernis des Unterlassens des Ausscheidens aus dem bisherigen Staatsverband zu beachten. An vielen Stellen des StbG kommt zum Ausdruck, dass der Gesetzgeber Mehrfachstaatsbürgerschaften verhindern möchte. Die oder der Fremde muss alle zumutbaren Schritte, die möglich sind, unternehmen, um aus dem fremden Staatenverband entlassen zu werden.[105] Von diesem Hindernis ist nur abzusehen, wenn die oder der Fremde die Staatsbürgerschaft entweder nicht durch Entziehung verlor und die Staatsbürgerschaft vorher zehn Jahre besaß oder von der NSDAP verfolgt wurde.[106]

Einen Sonderfall der Verleihung stellt § 10 Abs.6 StbG dar. Diese erfolgt aufgrund des besonderen Interesses Österreichs wegen schon erbrachter oder noch zu erwartender außerordentlicher Leistungen. Dabei entfallen das Hauptwohnsitzerfordernis, der Nachweis des hinreichend gesicherten Lebensunterhaltes und das Erfordernis aus dem bisherigen Staatenverband auszuscheiden.[107] Zu den außerordentlichen Leistungen zählen nach den Kriterien des Bundesministeriums für Inneres wissenschaftliche Tätigkeiten, wirtschaftliche, sportliche und künstlerische Leistungen.[108] § 11 StbG stellt schließlich den Ausdruck einer Interpretationsmaxime dar,

---

[104] *Ecker/Kvasina/Peyrl* in StbG § 10 Rz 255 – 257.
[105] *Ecker/Kvasina/Peyrl* in StbG § 10 Rz 258 – 260, 262.
[106] *Ecker/Kvasina/Peyrl* in StbG § 10 Rz 264 – 265.
[107] *Bachmann* et al. (Hrsg), Besonderes Verwaltungsrecht[12] 217.
[108] *Ecker/Kvasina/Peyrl* in StbG § 10 Rz 273 – 277.

denn keine Entscheidung soll ohne das Gesamtverhalten der oder des Fremden getroffen werden.[109]

Der Erwerb aufgrund von Verleihung stellt verglichen mit den anderen Erwerbsarten die meisten Anforderungen an die antragstellende Person, was sich durch verschiedene Voraussetzungen und Hindernisse für diese Erwerbsart äußert.

4.4 Erwerb durch Anzeige

Der Erwerb durch Anzeige nach §§ 57 – 59 StbG ermöglicht es Personen die Staatsbürgerschaft zu erwerben, wenn diese fälschlicherweise für 15 Jahre von den Behörden als Staatsbürgerin oder Staatsbürger behandelt wurden. Auch können frühere Staatsbürgerinnen und Staatsbürger, die Opfer des Nationalsozialismus wurden, mittels Anzeige die Staatsbürgerschaft wieder erwerben. Es entfallen für diese Personen der Hauptwohnsitz im Inland, der gesicherte Unterhalt, Verwaltungsübertretungen sind kein Hindernis und die bereits bestehende Staatsbürgerschaft kann beibehalten werden.[110]

4.5 Verlust der Staatsbürgerschaft

Die Staatsbürgerschaft kann nicht nur erworben, sondern auch verloren werden. Es gibt drei Möglichkeiten die Staatsbürgerschaft zu verlieren: Dies ist der Verlust durch den Erwerb einer fremden Staatsbürgerschaft, der Eintritt in den Militärdienst eines fremden Staates, die Entziehung aus anderen Gründen sowie der Verzicht.[111]

---

[109] *Fessler/Fessler/Pfandner*, Staatsbürgerschaftsrecht § 11 Rz 1.
[110] *Bachmann* et al. (Hrsg), Besonderes Verwaltungsrecht[12] 219 – 220.
[111] *Bachmann* et al. (Hrsg), Besonderes Verwaltungsrecht[12] 220 – 222.

Wer eine fremde Staatsbürgerschaft erwirbt, verliert damit ex lege die österreichische Staatsbürgerschaft, aber nur, wenn die Staatsbürgerin oder der Staatsbürger eine „positive“ Willenserklärung abgibt, die auf den Erwerb der fremden Staatsbürgerschaft gerichtet ist.[112]

Die Staatsbürgerschaft muss im Fall der Entziehung mit Bescheid aberkannt werden. Wer freiwillig in den Militärdienst eines fremden Staats eintritt, dem kann die Staatsbürgerschaft entzogen werden. Gleiches gilt für Personen, die im Dienst eines fremden Staates stehen und durch ihr Verhalten die Interessen oder das Ansehen der Republik Österreich erheblich schädigen oder freiwillig für eine organisierte bewaffnete Gruppe aktiv an Kampfhandlungen im Ausland im Rahmen eines bewaffneten Konflikts teilnehmen. Wer die bisherige Staatsbürgerschaft beibehält, obwohl es ihr oder ihm zumutbar war die Staatsbürgerschaft zurückzulegen, dem kann auch die Staatsbürgerschaft entzogen werden.[113]

Eine Person kann auch auf die Staatsbürgerschaft verzichten. Dazu muss sie entweder eine fremde Staatsbürgerschaft besitzen oder der Erwerb dieser muss ihr zugesichert worden sein und es darf kein Strafverfahren gegen sie anhängig sein, wobei für männliche Staatsangehörige noch die zusätzliche Voraussetzung besteht, den Grundwehrdienst oder Zivildienst abgeleistet zu haben.[114]

---

[112] *Peyrl* in Ecker/Kind/Kvasina/Peyrl, StbG Kommentar § 27 Rz 5 (2017).
[113] *Bachmann* et al. (Hrsg), Besonderes Verwaltungsrecht[12] 221.
[114] *Bachmann* et al. (Hrsg), Besonderes Verwaltungsrecht[12] 222.

Es ist dem Einzelnen möglich, die Staatsbürgerschaft unter gewissen Voraussetzungen freiwillig zurückzulegen, wobei aber auch Möglichkeiten vorgesehen sind, einer Person die Staatsbürgerschaft von behördlicher Seite zu entziehen. Während der Erwerb der Staatsbürgerschaft durch Abstammung von einer Person nicht beeinflusst werden kann, da es die Eltern sind, die ihre Staatsbürgerschaft an ihre Kinder bei der Geburt weitergeben, stellt der Erwerb durch Verleihung eine Möglichkeit für eine Person dar, am Ende eines Integrationsprozesses die Staatsbürgerschaft durch ihr Zutun zu erwerben.

5. Die rechtsphilosophische Begründung politischer Partizipationsrechte

Nachdem im vorherigen Abschnitt die geltende Rechtslage in Österreich dargestellt wurde, werden nun philosophische Überlegungen begonnen. Es ist klar, welchen Personen in Österreich das Partizipationsrecht Wahlrecht gewährt wird, den Staatsbürgerinnen und Staatsbürgern, und wie eine Person Teil des Kreises der Staatsbürgerinnen und Staatbürger werden kann, aber auch wie die Staatsbürgerschaft zurückgelegt oder entzogen werden kann.

Politische Partizipationsrechte werden rechtsphilosophisch in Kapitel 5 begründet werden, wobei darauf eine genaue Definition des Inhalts dieser Partizipationsrechte in Kapitel 6 folgt. Für die Begründung dieser Partizipationsrechte werden das Rechts- und Demokratieverständnis Habermas‘ und die Begründung Kirstes anhand der Menschenwürde verwendet. In Kapitel 7 wird geklärt werden, wem diese Partizipationsrechte zukommen sollen: den Staatsbürgerinnen und Staatsbürgern oder anderen Personen, wie beispielsweise allen Personen mit einem Aufenthalt auf dem Staatsgebiet.

Es wird sich zeigen, dass eine Beschränkung des Wahlrechts auf Personen mit Staatsbürgerschaft nach Kirstes Begründung gerechtfertigt werden kann und Habermas das Wahlrecht als Recht der Staatsbürgerinnen und Staatsbürger sieht. In Kapitel 8 muss ein philosophisches Verständnis von Staatsbürgerschaft mit dem Konzept von Staatsbürgerschaft nach der geltenden Rechtslage verglichen werden. Das ist die Grundlage dafür, um die Hauptfrage dieser Diplomarbeit beantworten zu können, ob das Wahlrecht auch auf Personen ohne Staatsbürgerschaft im Sinne der geltenden Rechtslage ausgedehnt werden soll oder nicht. Es wird sich zeigen, dass das österreichische Konzept Personen die Staatsbürgerschaft gewährt, obwohl ihnen diese aufgrund rechtsphilosophischer Überlegungen nicht zukommen soll.

Es geht in diesem Kapitel darum zu beantworten, wie politische Partizipationsrechte begründet werden. Eine genaue Definition ihres Inhalts folgt in Kapitel 6, weswegen ihr Inhalt hier nur kurz behandelt wird. Dazu wird zuerst der Rechtsbegriff Habermas‘ analysiert werden, wobei besonders darauf eingegangen werden muss, dass es sich um einen diskurstheoretischen Rechtsbegriff handelt. Dieses diskurstheoretische Verständnis von Recht dient nicht nur als Grundlage für die Begründung der politischen Partizipationsrechte, sondern determiniert auch deren Inhalt. Was unter politischen Partizipationsrechten nach Kirste zu verstehen ist und wie diese begründet werden, folgt in einem eigenen Unterkapitel.

Für Habermas' Begründung werden seine Definition von Recht und die Voraussetzungen, die an dessen legitime Geltung gestellt werden, als Ausganspunkt dienen. Es wird die Frage gestellt werden, was die Konsequenzen davon wären, wenn die am Diskurs beteiligten Personen ihre politischen Partizipationsrechte nicht ausüben könnten oder ihnen diese nicht gewährt werden würden.

Die Antwort darauf ist, dass staatliche Herrschaft, die auf legitimen Gesetzen beruhen soll, nicht mehr auf legitim geltenden Gesetzen beruht und damit selbst ihre legitime Geltung verliert.[115] Diese Konsequenz sollte aber vermieden werden, da dies negative Konsequenzen für Rechtsstaat und Demokratie hat.[116] Daher sollen politische Partizipationsrechte den Beteiligten gewährt werden.

Kirste verwendet hingegen die Menschenwürde als Ausgangspunkt. Einer jeden Person kommt die Menschenwürde schon aufgrund der Eigenschaft ein Mensch zu sein zu. Deswegen sollen Menschen nicht als bloße Rechtsobjekte, sondern als Rechtssubjekte behandelt werden. Und Rechtssubjekt zu sein bedeutet, dass man an der Entstehung des Rechts partizipieren konnte. Wem also Rechte und Pflichten von der Rechtsordnung auferlegt bzw. gewährt werden, die oder der musste auch an deren Begründung partizipieren können,

---

[115] *Habermas*, Faktizität und Geltung[4] 141.
[116] *Habermas*, Faktizität und Geltung[4] 141, 153.

denn sonst würde dessen oder deren Menschenwürde verletzt werden.[117]

5.1 Das Rechts- und Demokratieverständnis Jürgen Habermas' als Begründung

Habermas versteht unter Recht das moderne gesatzte Recht, das mit dem Anspruch auf systematische Begründung sowie verbindliche Interpretation und Durchsetzung auftritt. Zusätzlich dazu ist es ein Wissenssystem, aber auch ein Handlungssystem, weil das Recht unmittelbare Handlungswirksamkeit entfaltet, die der Moral fehlt.[118] Juridische Gesetze können nur legitime Geltung beanspruchen, wenn sie in einem ihrerseits rechtlich verfassten diskursiven Rechtsetzungsprozess die Zustimmung aller Rechtsgenossinnen und Rechtsgenossen finden können. Dieses Prinzip der diskurstheoretischen Begründung kann auch auf andere Arten von generellen Normen übertragen werden, weil in diesem Kapitel von Habermas Werk der Rechtsetzungsprozess vom Moralprinzip unterschieden wird. Die Formulierung „juridische Gesetze" macht deutlich, dass es sich nicht um moralische Gesetze handelt, sondern um Recht in einem juristischen Sinn.[119] Habermas trennt also eindeutig Moral von Recht, denn der juristische Diskurs ist nicht eine Teilmenge des moralischen Diskurses.[120]

---

[117] *Kirste* in Reinau/Ungern-Sternberg, Politische Partizipation, 309 (326 – 327).
[118] *Habermas*, Faktizität und Geltung[4] 106.
[119] *Habermas*, Faktizität und Geltung[4] 141.
[120] *Habermas*, Faktizität und Geltung[4] 283.

Es geht also bei Recht um die Zugehörigkeit einer Rechtsnorm zum Rechtsbestand, wobei diese Rechtsnorm aber auch ein subjektives Recht sein kann. Diese Unterscheidung dient dazu, die Partizipationsrechte als subjektive Rechte zu begründen, die der einzelnen Person einen durch Grenzen abgesteckten Raum bietet, in dem sie ihren Willen frei betätigen kann. Der Begriff der subjektiven Rechte korrespondiert laut Habermas mit der subjektiven Handlungsfreiheit.[121]

Habermas vertritt einen diskursiven Rechtsbegriff, was sich eindeutig aus der Formulierung „diskursiver Rechtsetzungsprozess" ergibt. Recht ist – mit anderen Worten – das Produkt eines Prozesses, der selbst bestimmten Regeln folgt und gewisse Voraussetzungen erfüllen muss. Recht ist nicht das Produkt logischer Deduktion, sondern kann durch einen Austausch von Argumenten begründet werden. Es ist nicht der Anspruch der diskurstheoretischen Begründung von Recht, dass durch die Anwendung der Regeln des Diskurses der Rechtsetzung ein einzig „richtiges" Ergebnis erzielt werden kann, das dann das „richtige" Recht ist. Weil die Diskursregeln ihrerseits rational sind, ist auch ein darauf gegründetes Ergebnis, das Recht, rational. Die rationale Begründung des Rechts steht im Vordergrund.[122]

---

[121] *Habermas*, Faktizität und Geltung[4] 106, 109.
[122] *Kirste*, Rechtsphilosophie Einführung[2] (2020) 109.

Der erzielte Konsens gilt jedoch nur bis auf weiteres und es kann sich jederzeit herausstellen, dass sich die Beteiligten des Diskurses irrten.[123] Man kann sich über die Argumentationsvoraussetzungen getäuscht und die relevanten Umstände nicht vorhergesehen haben.[124]

Alexy, der wie Habermas einen diskursiv begründeten Rechtsbegriff vertritt, spricht davon, dass der juristische Diskurs ein Sonderfall des Diskurses ist.[125] Habermas unterscheidet sich von Alexy dahingehend, dass er den juristischen Diskurs nicht als Sonderfall bezeichnet.[126] In allen Diskursen, zu denen auch der juristische Diskurs zählt, gelten bestimmte allgemeine Diskursregeln wie „Sprecherinnen und Sprecher dürfen sich nicht widersprechen." Diese dienen der Wahrheit und Richtigkeit des Diskurses.[127] Der juristische Diskurs verlangt aber nicht, dass das Ergebnis schlechthin vernünftig ist, sondern nur, dass das Ergebnis in der geltenden Rechtsordnung vernünftig begründet werden kann.[128]

Der Rechtsbegriff Habermas' besteht aus mehreren Elementen, wobei für die Begründung der Partizipationsrechte die Zustimmung der Rechtsgenossinnen und Rechtsgenossen im Rechtsetzungsprozess als Diskurs die wesentliche Rolle spielt. Die Zustimmung der

---

[123] *Heidenreich/Schaal*, Jürgen Habermas und die Frage nach der Rationalität des Staates, in Schaal (Hrsg), Das Staatsverständnis von Jürgen Habermas (2009) 17 (38).

[124] *Habermas*, Wahrheit und Rechtfertigung Philosophische Aufsätze (1999) 298.

[125] *Alexy*, Theorie der juristischen Argumentation Die Theorie des rationalen Diskurses als Theorie der juristischen Begründung (1983) 37 – 38.

[126] *Kirste*, Rechtsphilosophie[2] 110.

[127] *Alexy*, Theorie der juristischen Argumentation 234 – 235.

[128] *Alexy*, Theorie der juristischen Argumentation 264.

Rechtsgenossinnen und Rechtsgenossen im diskursiven Rechtsetzungsprozess verleiht dem Recht die legitime Geltung.[129] Ein solches Verständnis von Recht und Demokratie wird als deliberative Demokratie bezeichnet.[130]

Es muss also der Diskurs, so wie er gesollt ist, auch geführt werden können. Was genau die Eigenschaften dieses Diskurses und die sich daraus ergebenden Diskursrechte in Gestalt von politischen Partizipationsrechten sind, wird in Kapitel 6 behandelt werden. Eine Möglichkeit sicherzustellen, dass der Rechtsetzungsprozess in Form eines Diskurses, wie Habermas ihn versteht, geführt werden kann, ist es, den Beteiligten politische Partizipationsrechte zu gewähren.[131] Nun kann die Annahme gemacht werden, dass politische Partizipationsrechte den Beteiligten entweder überhaupt nicht gewährt werden, nur einem Teil der Beteiligten gewährt werden oder sie aufgrund ihres Inhaltes nicht sicherstellen können, dass der Diskurs geführt wird, wie er nach Habermas geführt werden soll.

Die Konsequenzen dieser drei Fälle sind die Gleichen. Das Recht verliert seine legitime Geltung, weil der Rechtsetzungsprozess nicht als Diskurs nach Habermas geführt wird, wie er geführt werden soll. Entweder wird der Diskurs überhaupt nicht geführt, Beteiligte werden davon ausgeschlossen, deren Beteiligung am Diskurs aber nötig ist, oder der Diskurs erreicht nicht die Qualität, die benötigt wird, um dem Recht als Produkt des Diskurses legitime Geltung zu ver-

---

[129] *Habermas*, Faktizität und Geltung^4 141.
[130] *Pfetsch*, Theoretiker der Politik Von Platon bis Habermas (2012) 558.
[131] *Habermas*, Faktizität und Geltung^4 151; *Pfetsch*, Theoretiker der Politik 556.

leihen. Weil Habermas zwischen Recht einerseits und seiner Geltung andererseits unterscheidet,[132] kann man davon ausgehen, dass es sich zwar um Recht handelt, jedoch führt das zum Ergebnis, dass diesem Recht die legitime Geltung fehlt.

Das Problem wird dadurch nicht gelöst. Jegliche staatliche Herrschaft in welcher Erscheinungsform auch immer, die sich darauf stützen würde, würde sich auf Rechtsnormen ohne legitime Geltung stützen.

An dieser Stelle muss jedoch geklärt werden, ob eine Rechtsnorm, die sich auf eine andere Rechtsnorm stützt, ihre Geltung aus der höherrangigen Rechtsnorm wie bei Kelsen ableitet[133] oder ihrerseits selbst in einem Rechtsetzungsprozess erst Geltung entwickelt. Beispielsweise stützen sich einfache Gesetze in der österreichischen Rechtsordnung auf die Erzeugungsnormen, die in Verfassungsgesetzen festgelegt sind.[134] Habermas setzt beides voraus. Die Geltung einer Rechtsnorm ergibt sich daraus, dass sie das Ergebnis eines diskursiven Rechtsetzungsprozesses ist, der aber seinerseits selbst rechtlich verfasst ist.[135] Es muss also sowohl der Rechtsetzungsprozess eine diskursive Qualität erlangen als auch die Rechtsnormen, die diesen Prozess regeln, müssen Rechtsnormen mit legitimer Geltung sein. Die Geltung einer Rechtsnorm ergibt sich

[132] *Habermas*, Faktizität und Geltung[4] 106, 141.
[133] *Jestaedt* (Hrsg), Reine Rechtslehre Einleitung in die rechtswissenschaftliche Problematik (2008) 73.
[134] *Mayer/Kucsko-Stadlmayer/Stöger*, Bundesverfassungsrecht[11] Rz 9.
[135] *Habermas*, Faktizität und Geltung[4] 141.

also zum Teil daraus, dass die Normen, die die Erzeugung dieser Rechtsnorm regeln, selbst Geltung beanspruchen können.

Auf die Erscheinungsformen staatlicher Herrschaft übertragen bedeutet das, dass alle Erscheinungsformen nur legitime Geltung beanspruchen können, wenn sie sich selbst auch auf legitim geltende Rechtsnormen stützen können, die den diskursiven Erzeugungsprozess bestimmen. Man kann diese Rechtsnormen, die den Rechtsetzungsprozess rechtlich bestimmen, auch als Erzeugungsnormen bezeichnen. Recht ohne legitime Geltung ist etwas, das vermieden werden sollte. Die staatliche Herrschaft stützt sich in diesem Fall nicht mehr auf legitim geltendes Recht. Das entspricht nicht der Idee eines Rechtsstaates, in dem alle staatliche Herrschaft auf legitim geltenden Gesetzen beruht.

Es besteht ein notwendiger Zusammenhang zwischen Demokratie und Rechtsstaat.[136] Verfassungsrecht als die höchste Stufe des Rechts kann seine Legitimität nicht auf höherrangiges Recht stützen. Die Legitimität dieses höchsten Rechts kann nur durch ein demokratisches Verfahren gesichert werden. Sämtliche staatliche Gewalt soll in einem Rechtsstaat auf abänderbaren Beschlüssen des Gesetzgebers beruhen. Da Recht seine Geltung aus höherrangigen Rechtsnormen bezieht und die höchste Rechtsnorm, die Verfassung, demokratisch legitimiert ist, kann Rechtsstaat nicht ohne Demokratie gedacht werden.[137] Auf dieses Prinzip der Selbstgesetzgebung wird noch genauer in Kapitel 7 eingegangen. Weil sich die Ad-

---

[136] *Habermas*, Die Einbeziehung des Anderen Studien zur politischen Theorie^2 (1997) 251.

[137] *Habermas*, Die Einbeziehung des Anderen^2 293 – 294.

ressatinnen und Adressaten des Rechts auch als dessen Autorinnen und Autoren verstehen sollen[138] und die Autorenschaft darin besteht, die Möglichkeit gehabt zu haben, die zustehenden politischen Partizipationsrechte auszuüben, ist alles legitim geltende Recht auch demokratisch legitimiert. Wenn also eine Person, die Adressatin des Rechts ist, nicht die ihr zustehenden Partizipationsrechte ausüben konnte, dann ist sie nicht Autorin des Rechts.

Damit ist das Prinzip der Selbstgesetzgebung nicht erfüllt und das Recht ist nicht demokratisch legitimiert. Weil aber die Möglichkeit zur Ausübung der politischen Partizipationsrechte auch die Grundlage für legitim geltendes Recht[139] und damit Rechtsstaatlichkeit ist, kann dieses Recht auch nicht die Grundlage für einen Rechtsstaat sein. Wer akzeptiert, dass es keine oder nur unzureichende politische Partizipationsrechte gibt, der muss damit in Kauf nehmen, dass das Recht weder demokratisch ist noch als Grundlage für einen Rechtsstaat dienen kann.

Der diskursive Erzeugungsprozess der Rechtsnormen kann nur legitime Geltung beanspruchen, wenn die Beteiligten, die Rechtsgenossinnen und Rechtsgenossen nach Habermas' Definition,[140] auch an der Erzeugung des Rechts partizipieren konnten. Und diese ausreichende Partizipation kann sichergestellt werden, wenn den Beteiligten politische Partizipationsrechte gewährt werden.[141] Das Verständnis von Recht, dem auch legitime Geltung zukommen soll,

---

[138] *Habermas*, Faktizität und Geltung[4] 153.
[139] *Habermas*, Faktizität und Geltung[4] 141.
[140] *Habermas*, Faktizität und Geltung[4] 141.
[141] *Habermas*, Faktizität und Geltung[4] 151.

setzt politische Partizipationsrechte voraus, weil sonst schon der Definition nach kein Recht mit legitimer Geltung erzeugt werden kann. Damit sind Demokratie und Rechtsstaatlichkeit unmöglich. Die Begründung politischer Partizipationsrechte findet man also notwendig im Verständnis von legitim geltendem Recht.

5.2 Die Menschenwürde bei Kirste als Begründung

Ein anderer Ansatz der Begründung politischer Partizipationsrechte wird von Kirste gewählt, der sich an der Menschenwürde orientiert. Zwar unterscheidet er sich von Habermas dahingehend, dass nicht ein diskursiver Rechtsetzungsprozess und damit eine Definition von Recht am Anfang steht, sondern die eben genannte Menschenwürde, jedoch würde eine fehlende Partizipation auch zu fehlender Legitimität staatlicher Herrschaft führen.[142] Das soll bei Kirste genauso wie bei Habermas vermieden werden.

Demokratie und sonstige Partizipation an politischer Herrschaft finden ihre Wurzeln in den Freiheitsrechten. Die Grundlage der Freiheitsrechte ist die Menschenwürde, die einem jeden Menschen allein aufgrund der Tatsache zusteht, dass er oder sie ein Mensch ist. Auf die Herrschaftsformen des Staates übertragen bedeutet das, dass ein Mensch immer als Rechtssubjekt und nicht als bloßes Rechtsobjekt behandelt werden soll. Menschen sind Trägerinnen und Träger von Rechten und Verpflichtungen (Rechtssubjekte) und

---

[142] *Kirste* in Reinau/Ungern-Sternberg, Politische Partizipation, 309 (327).

nicht Gegenstand dieser Rechte und Verpflichtungen (Rechtsobjekte).[143]

Weil die Menschenwürde einem jeden Menschen zukommt, ist jeder Mensch notwendigerweise Rechtssubjekt. Damit müssen alle Menschen ins Recht inkludiert werden. Kein Mensch darf vom Recht ausgeschlossen werden, denn damit wäre er oder sie nicht mehr Trägerin oder Träger von Rechten und Pflichten, sondern bloßer Gegenstand dieser.[144] Die einzelnen Personen müssen also bei der Gewährung von Rechten, die ihnen zustehen, oder der Begründung von Pflichten, die ihnen auferlegt werden, mitwirken können. Wenn einer Person Rechte gewährt würden, an deren Begründung sie nicht partizipieren konnte, dann wäre diese Person ein Gegenstand, ein Rechtsobjekt, dieser Rechte, auch wenn diese Rechte Vorteile für die betreffende Person bedeuten würden.

Dies würde die Menschenwürde verletzen, was vermieden werden soll. Recht meint in diesem Fall das subjektive Recht einer Person. Diese Überlegungen sind auch auf Pflichten zu übertragen. Das bedeutet, dass das Recht als gesamte Rechtsordnung, die man als Summe der Rechte und Pflichten bezeichnen kann, eine Partizipation derjenigen voraussetzt, die von den Pflichten betroffen sind und denen Rechte gewährt werden.[145]

---

[143] *Kirste* in Reinau/Ungern-Sternberg, Politische Partizipation, 309 (326).
[144] *Kirste* in Reinau/Ungern-Sternberg, Politische Partizipation, 309 (326).
[145] *Kirste* in Reinau/Ungern-Sternberg, Politische Partizipation, 309 (327).

Die von den Pflichten betroffenen und von den Rechten bezeichneten Personen kann man auch als Rechtsadressatinnen und Rechtsadressaten bezeichnen. Die Begründung anhand der Menschenwürde kann daher umformuliert werden: Wenn die Rechtsadressatinnen und Rechtsadressaten bei der Gewährung der Rechte und Pflichten durch die Rechtsordnung partizipieren konnten, also nicht bloß der Gegenstand dieser Rechte und Pflichten sind, sondern Trägerinnen und Träger dieser Rechte und Pflichten, dann ist dieses Recht legitim. Fehlende Partizipation würde bedeuten, dass die Menschenwürde verletzt werden würde. Weil Kirste das Recht auf Demokratie als ein Recht auf Mitwirkung an der Begründung dieser Rechte und Pflichten sieht, würde eine fehlende Partizipation auch das Recht auf Demokratie verletzen. Das geschaffene Recht wäre auch undemokratisch.[146] Demokratie ist nach Kirste als eigenes positives Recht zu verstehen.[147] Es ist aber festzuhalten, dass es auch legitime asymmetrische Partizipation geben kann.[148]

Zusammenfassend kann festgestellt werden, dass sowohl Habermas als auch Kirste Partizipation an der Erzeugung von Recht voraussetzen, um dessen legitime Geltung und die Legitimität staatlicher Herrschaft zu begründen. Während Habermas dies auf einen diskursiven Rechtsetzungsprozess stützt,[149] an dem die Rechtsgenossinnen und Rechtsgenossen teilnehmen sollen, verwendet Kirste die Menschenwürde einer jeden einzelnen Person als Grundlage,

---

[146] *Kirste*, Das Menschenrecht auf Demokratie, in Stekeler-Weithofer/Zabel (Hrsg), Philosophie der Republik (2018) 463 (493).

[147] *Kirste* in Stekeler-Weithofer/Zabel, Philosophie der Republik, 463 (464).

[148] *Kirste* in Stekeler-Weithofer/Zabel, Philosophie der Republik, 463 (490).

[149] *Habermas*, Faktizität und Geltung[4] 141.

die der Person den Status eines Rechtssubjektes verleiht.[150] Dies wird für die Frage, wem solche Partizipationsrechte zukommen sollen, was in Kapitel 7 erörtert wird, eine bedeutende Rolle spielen.

6. Der Inhalt politischer Partizipationsrechte

Nachdem politische Partizipationsrechte im letzten Kapitel rechtsphilosophisch begründet wurden, wird nun ihr Inhalt in diesem Kapitel exakt definiert. Während es im vorherigen Kapitel darum ging, die Frage zu beantworten, warum es solche Rechte geben soll, wird nun die Frage, was solche Rechte inhaltlich ausmachen, beantwortet. Wieder werden Habermas und Kirste getrennt behandelt werden.

6.1 Habermas' Rechtsbegriff

Die Zustimmung aller Rechtsgenossinnen und Rechtsgenossen ist ein notwendiger Bestandteil des Rechtsbegriffes, denn nur so kann dem Recht legitime Geltung verliehen werden. Dieses Prinzip der diskurstheoretischen Begründung setzt schon seinem Begriff nach einen Diskurs voraus, der selbst bestimmten Regeln gehorchen muss.[151] Da Habermas eine eigene Definition des Begriffes Diskurs in diesem Zusammenhang verwendet,[152] muss dieses Verständnis des Diskurses dargelegt und untersucht werden, damit der Inhalt politischer Partizipationsrechte anhand dieser Definition festgelegt werden kann.

---

[150] *Kirste* in Reinau/Ungern-Sternberg, Politische Partizipation, 309 (326 – 327).
[151] *Habermas*, Faktizität und Geltung^4 141.
[152] *Habermas*, Legitimationsprobleme im Spätkapitalismus (1973) 148.

6.1.1 Der Diskurs im Allgemeinen – Inhalt der Diskursrechte

Der Diskurs ist eine handlungsentlastete, zwangsfreie Äußerungssituation, in der mit den sprachlichen Mitteln der Alltagskommunikation Überprüfungen, Beratungen und letztlich auch Veränderungen vorgenommen werden können. Der Diskurs widmet sich dabei der Wahrheit einer Aussage, der Richtigkeit der dafür unterstellten Normen und der Wahrhaftigkeit der daran Beteiligten.[153] Bei der Wahrheit, Richtigkeit und Wahrhaftigkeit handelt es sich um Geltungsansprüche einer Aussage.[154] Der einzige Zwang, der gelten soll, ist der Zwang des besseren Arguments.[155] Der soziale Status der Sprecherinnen und Sprecher, Macht und Gewalt sollen keine Rolle spielen.[156]

Es muss also sichergestellt werden, dass der Diskurs, wie er eben beschrieben wurde, auch tatsächlich stattfinden kann, sonst handelt es sich um keinen Diskurs im Sinne von Habermas. Das Produkt eines solchen Diskurses kann dann auch nicht Recht mit legitimer Geltung sein. Dem Recht fehlt auch die rationale Begründung. Das soll vermieden werden.

---

[153] *Habermas*, Legitimationsprobleme im Spätkapitalismus 148.
[154] *Gamm/Hetzel/Lilienthal*, Hauptwerke der Sozialphilosophie (2001) 258.
[155] *Habermas*, Theorie des kommunikativen Handelns Band I Handlungsrationalität und gesellschaftliche Rationalisierung (1988) 52 – 53.
[156] *Gamm/Hetzel/Lilienthal*, Hauptwerke der Sozialphilosophie 254.

Dass politische Partizipationsrechte den Rechtsgenossinnen und Rechtsgenossen gewährt werden sollen, wurde bereits in Kapitel 5 dargelegt. Die politischen Partizipationsrechte müssen ihrem Inhalt nach so beschaffen sein, dass eine handlungsentlastete, zwangsfreie Äußerungssituation entsteht, in der mit den sprachlichen Mitteln der Alltagskommunikation Überprüfungen, Beratungen und letztlich auch Veränderungen als Ergebnis des Diskurses vorgenommen werden können.

Wahrheit im Diskurs meint, ob eine Aussage als wahr oder falsch gilt. Richtigkeit meint die Angemessenheit der Aussage in Bezug auf die Situation. Die Wahrhaftigkeit meint, dass die Sprecherin oder der Sprecher auch tatsächlich meint, eine wahre Aussage zu machen und das Gegenüber nicht täuschen will. Das wäre bei einer Lüge der Fall.[157] Diese drei Geltungsansprüche sind objektiv zugänglich.[158] Wie schon beim diskursiven Rechtsbegriff Habermas' spielt die rationale Begründung eine entscheidende Rolle.[159] Eine Aussage im Diskurs gilt als rational, wenn sie diese drei Geltungsansprüche als begründet erscheinen lässt.[160]

---

157 *Habermas*, Theorie des kommunikativen Handelns Band I 114.
158 *Habermas*, Theorie des kommunikativen Handelns Band I 157.
159 *Kirste*, Rechtsphilosophie Einführung^2 109.
160 *Gamm/Hetzel/Lilienthal*, Hauptwerke der Sozialphilosophie 252.

6.1.2 Der Diskurs der Rechtsetzung – Inhalt der politischen Partizipationsrechte

Diese allgemeinen Überlegungen in Bezug auf den Diskurs sind nun auf den Prozess der Rechtsetzung zu übertragen, um auf diese Weise den Inhalt der politischen Partizipationsrechte beschreiben zu können. Der Diskurs, der Recht erzeugt, muss die gleichen Voraussetzungen erfüllen, wie der Diskurs im Allgemeinen, wobei diese Voraussetzungen spezieller formuliert werden können. Die Beteiligten des Diskurses der Rechtsetzung sind laut Habermas die Rechtsgenossinnen und Rechtsgenossen, da deren Zustimmung vorausgesetzt wird, um dem erzeugten Recht legitime Geltung zu verleihen.[161] Wer diese Personen sind, wird in Kapitel 7 erörtert. Die Rechtsgenossinnen und Rechtsgenossen befinden sich also in einer Äußerungssituation, wenn sie am Rechtsetzungsprozess in Form eines Diskurses teilnehmen. Dabei stellt sich aber die Frage, was der Rechtsetzungsprozess alles umfasst und wie weit er geht. Nur so kann in weiterer Folge geklärt werden, was die Äußerungssituation ausmacht.

Der Rechtsetzungsprozess beschränkt sich in parlamentarischen Demokratien wie Österreich nicht nur auf die Vorgänge im Nationalrat, den Landtagen, Gemeinderäten oder Ministerien, die Rechtsnormen wie Gesetze oder Verordnungen nach den verfassungsrechtlichen Vorschriften erlassen dürfen, sondern umfasst auch einen vor- oder außerparlamentarischen Prozess. Anregungen zu Gesetzesentwürfen stammen von verschiedensten Akteurinnen und

---

[161] *Habermas*, Faktizität und Geltung[4] 141.

Akteuren, zu denen in Österreich unter anderem die Regierung, die Sozialpartner wie die Wirtschafts- oder Arbeiterkammer oder eine organisierte Personengruppe zählen können. Es sind nicht nur die Abgeordneten, denen ein Initiativrecht zukommt.

Die Rolle politischer Parteien und deren Mitglieder, die in Regierung und vielen anderen Organisationen wie Gewerkschaften vertreten sind, darf auch nicht unterschätzt werden, auch wenn all diese Akteurinnen und Akteure kein Recht im juristischen Sinne der geltenden Rechtsordnung darauf haben, dass ihr Vorschlag auch im Parlament behandelt wird. Diese Aufzählung ist nicht abschließend, sondern soll verdeutlichen, dass es nicht ausreicht, nur die Vorgänge in den Parlamenten selbst zu betrachten, wenn der Rechtsetzungsprozess in seiner Gänze beschrieben werden soll.[162]

Dies entspricht auch dem Verständnis Habermas', denn es gibt mindestens zwei, wenn nicht mehr, öffentliche Arenen, in denen Diskurse stattfinden: die Parlamente und eine disperse bürgerliche Öffentlichkeit.[163] Es sind zwar die Parlamente, die letztlich eine bindende Entscheidung treffen,[164] das schadet jedoch nicht dem Verständnis, dass auch in einer bürgerlichen Öffentlichkeit Diskurse geführt werden.

---

[162] *Berka*, Verfassungsrecht[4] Rz 600 – 601.

[163] *Thumfart*, Staat Integration und Solidarität Dynamische Grundbegriffe im Staatsverständnis von Jürgen Habermas, in Schaal (Hrsg), Das Staatsverständnis von Jürgen Habermas (2009) 81 (86).

[164] *Thumfart* in Schaal (Hrsg), Das Staatsverständnis von Jürgen Habermas, 81 (82).

Die Tätigkeit dieser Akteurinnen und Akteure beschränkt sich nicht nur darauf, Vorschläge zu machen oder Gesetzesentwürfe anzuregen, sondern sie geben auch Stellungnahmen zu Vorhaben anderer ab, äußern ihre Meinung zu Änderungen bestimmter Gesetze oder leisten aktiv Widerstand gegen Vorhaben.[165] Der Rechtsetzungsprozess beginnt also nicht erst damit, dass ein entsprechender Antrag von Abgeordneten des Nationalrates, der Regierung oder eines Volksbegehrens, das eine bestimmte Unterschriftenanzahl erreichte, eingebracht wird und darüber von den Abgeordneten debattiert wird,[166] sondern er beginnt schon in einem vor- und außerparlamentarischen Feld in einer breiten Öffentlichkeit.

Weil auch eine Person oder Personengruppe, die sich spontan organisiert, Gesetzesentwürfe zumindest anregen, aber nicht direkt einbringen kann, ist dieser Diskurs daher so weit zu fassen, dass auch einzelne Personen daran teilnehmen können sollen. Sonst würde verhindert, dass sich überhaupt Personen zu Gruppen wie Parteien, Gewerkschaften oder Vereinen zusammenschließen, um Interessen zu verfolgen und an der Rechtsetzung zu partizipieren.

---

165 *Berka*, Verfassungsrecht[4] Rz 600 – 601; *Mayer/Kucsko-Stadlmayer/Stöger*, Bundesverfassungsrecht[11] Rz 438.

166 *Mayer/Kucsko-Stadlmayer/Stöger*, Bundesverfassungsrecht[11] Rz 439 – 449.

Dies entspricht auch der Idee Habermas‘, denn er spricht davon, dass sich die Parlamente, im Falle Österreichs unter anderem die Landtage und der Nationalrat, in einer Belagerung durch die Öffentlichkeit befinden. Auf diese Weise bestimmen die Personen außerhalb des Parlaments nicht nur durch ihre Stimmabgabe in der Wahlkabine mit, welche Diskurse im Parlament geführt werden, sondern auch durch die oben genannten Mittel.[167]

Nun kann man die allgemeinen Überlegungen in Bezug auf Partizipationsrechte im Diskurs auf den Diskurs des Rechtsetzungsprozesses übertragen, um deren Inhalt zu bestimmen. Die politischen Partizipationsrechte müssen sicherstellen, dass einzelne Personen und nicht nur die Mitglieder der Parlamente miteinander in Kontakt treten und kommunizieren können, damit überhaupt alle Beteiligten am Diskurs teilnehmen können, die teilnehmen sollen. Sie müssen auch sicherstellen, dass der Diskurs nicht von Zwängen oder Handlungsdruck bestimmt wird, sondern die Überprüfungen und Beratungen über das Recht, aber auch über den Prozess der Rechtsfindung selbst, frei davon sind und letztlich auch das Recht verändert werden kann. Habermas orientiert sich hier an Cohen.[168] Die Wahrhaftigkeit, Richtigkeit und Wahrheit als zusätzliche Elemente des Diskurses müssen auch gesichert werden.

---

[167] *Habermas*, Faktizität und Geltung[4] 626.

[168] *Cohen*, Deliberation and Democratic Legitimacy, in Bohman/Reg (Hrsg), Deliberative Democracy Essays on Reason and Politics (1997) 67 (74); *Habermas*, Faktizität und Geltung[4] 370.

Wahrhaftigkeit meint im juristischen Diskurs nichts anderes als im Kapitel 6.1.1 in Bezug auf die allgemeine Definition des Diskurses gemeint ist. Die Partizipationsrechte müssen auch sicherstellen, dass Täuschungsversuche Beteiligter aufgedeckt werden können. Wahrheit und Richtigkeit ist die auf Gründe gestützte Akzeptabilität in Diskursen.[169] Um also auf Gründe gestützte Akzeptabilität in Diskursen sicherzustellen, müssen die am Diskurs Beteiligten Begründungen von anderen Beteiligten einfordern können und diese auch tatsächlich erhalten können. Hier zeigt sich wieder die zentrale Rolle der rationalen Begründung, denn diese Geltungsansprüche können nur in einer intersubjektiven Praxis überprüft werden.[170] Die politischen Partizipationsrechte nach Habermas müssen also derart sein, dass Kommunikation mit alltäglichen Mitteln zwischen allen Beteiligten möglich ist, diese Kommunikation nicht von Handlungen oder Zwängen belastet wird, das Recht tatsächlich durch die Teilnahme verändert werden kann, Täuschungsversuche der Beteiligten aufgedeckt werden können und die Beteiligten auch Begründungen anderer einfordern können. Damit ist der Inhalt der politischen Partizipationsrechte ausreichend umschrieben.

6.2 Einwände gegen den Rechtsbegriff

Das Ziel dieser Diplomarbeit ist es nicht, einen vollständigen Rechtsbegriff zu entwickeln und zu kritisieren. Trotzdem ist auf einige Einwände gegen diesen vorgestellten diskursiven Rechtsbegriff Habermas‘ einzugehen. Dieser Rechtsbegriff, besonders der Ablauf des Diskurses, bildet nämlich die Grundlage für die Begründung po-

---

169 *Habermas*, Faktizität und Geltung[4] 277.
170 *Gamm/Hetzel/Lilienthal*, Hauptwerke der Sozialphilosophie 252.

litischer Partizipationsrechte. Falls es überzeugende Einwände gegen einen solchen diskurstheoretischen Rechtsbegriff gibt, dann stellt das auch eine Herausforderung für eine Begründung der politischen Partizipationsrechte dar.

6.2.1 Zwangsfreier, handlungsentlasteter Diskurs

Wesentliches Element des Diskurses ist die Freiheit von Zwängen. Der einzige Zwang, den es im Diskurs geben soll, ist der Zwang des besseren Arguments.[171] Macht oder sozialer Status dürfen keine Rolle spielen, wenn es um Argumente geht.[172] Wenn man zeigen könnte, dass andere Zwänge, wie beispielsweise Macht, im Diskurs die Argumente und die Akzeptanz der Geltungsansprüche bestimmen, dann kann der Diskurs nicht geführt werden, wie er geführt werden soll. Das Recht könnte damit nicht die legitime Geltung beanspruchen, die nötig ist.

Es scheint plausibel anzunehmen, dass auch noch andere Zwänge im diskursiven Rechtsetzungsprozess bestehen, die nicht Erscheinungsformen des Zwangs des besseren Arguments sind. Beispiele für Zwänge sind Zwänge, die sich aus kulturellen Traditionen, sozialen Strukturen oder gesellschaftlichen Machtverhältnissen ergeben.[173] Unter sozialen Strukturen sind unter anderem Geschlechterrollen zu verstehen, aber auch die Beziehung zwischen Beschäftigten und den Betrieben, in denen sie arbeiten. Wie bereits gezeigt wurde, besteht das Wahlrecht nicht nur darin, eine Stimme abzuge-

---

171 *Habermas*, Legitimationsprobleme im Spätkapitalismus 148.
172 *Gamm/Hetzel/Lilienthal*, Hauptwerke der Sozialphilosophie 254.
173 *Grau*, Wie der Liberalismus die Freiheit zerstört <www.cicero.de/kultur/Freiheit-Liberalismus-Meinungsfreiheit-Toleranz> (2.4.2021).

ben, sondern auch darin, sich eine Meinung zu bilden. Diese aufgezählten Zwänge können verhindern, dass die Wahlberechtigten miteinander tatsächlich in eine Äußerungssituation gelangen, die frei von solchen Zwängen ist. Der Austausch von Meinungen und Informationen erfolgt beispielsweise nicht in der Form eines Diskurses, wenn das Wahlrecht zwar beiden Geschlechtern gewährt wird, gesellschaftlich aber vorausgesetzt und mit einem gewissen Maß an Druck durchgesetzt wird, dass die Ehegattin die politische Meinung ihres Ehegatten teilen soll, unabhängig davon, welche Meinung sie vertreten würde, wenn dieser Zwang nicht bestünde.

Das sind Zwänge, die nicht Erscheinungsformen des Zwangs des besseren Arguments sind,[174] sondern sie sind Ausdruck von Macht, unter Umständen Gewalt und sozialem Status, wenn von Arbeitgeberinnen und Arbeitgebern und deren Bediensteten gesprochen wird. Das muss aber nach Habermas vermieden werden.[175] Es kann so kein rationaler Konsens entstehen, der ein wichtiges Element des Diskurses ist, da Zwänge und nicht Argumente die Geltungsansprüche erfüllen. Es sollten aber Gründe sein, die kritisiert werden können.[176]

Es zeigt sich also, dass das Ideal des zwangsfreien Diskurses nach Habermas in alltäglichen Situationen nicht erreicht wird, denn es bestehen gesellschaftliche, kulturelle und soziale Zwänge, die den Diskurs, anstatt des Zwangs des besseren Arguments, bestim-

---

174 *Habermas*, Legitimationsprobleme im Spätkapitalismus 148.
175 *Gamm/Hetzel/Lilienthal*, Hauptwerke der Sozialphilosophie 254.
176 *Habermas*, Theorie des kommunikativen Handelns Band I 37.

men.[177] Das muss aber vermieden werden, wenn man der Definition entsprechen möchte, die die Grundlage des Rechtsbegriffes bildet.

Eine Möglichkeit dem zu begegnen, ist es zu behaupten, dass es sich bei dieser Art von Zwängen nicht um Zwänge handelt, die verhindert werden müssen. Daher stellen diese Zwänge auch nicht die Zwangsfreiheit des Diskurses in Frage. Nicht eine jede individuelle Befindlichkeit muss von den politischen Partizipationsrechten beachtet werden. Damit würden zu hohe Anforderungen an sie gestellt.[178] Dazu muss aber genau abgegrenzt werden, welche Zwänge die politische Partizipationsrechte verhindert sollen und bei welchen es sich nur um individuelle Befindlichkeiten handelt, die nicht verhindert werden müssen. Eine solche Abgrenzung muss man auch damit in Einklang bringen können, dass Habermas ganz eindeutig davon spricht, dass nur der Zwang des besseren Arguments gelten soll. Es soll keinen anderen echten Zwang geben.[179] Ein einziger Zwang reicht schon, um die Zwangsfreiheit in Frage zu stellen.

Es ergeben sich also drei Gruppen: der Zwang des besseren Arguments, andere Zwänge und bloße individuelle Befindlichkeiten. Der Zwang des besseren Arguments schadet der Zwangsfreiheit des Diskurses nicht.[180] Habermas bezeichnet den Zwang des besseren Arguments als zwangslos.[181] Man kann also davon ausgehen, dass

---

[177] *Grau*, Wie der Liberalismus die Freiheit zerstört <www.cicero.de/kultur/Freiheit-Liberalismus-Meinungsfreiheit-Toleranz>.
[178] *Grau*, Wie der Liberalismus die Freiheit zerstört <www.cicero.de/kultur/Freiheit-Liberalismus-Meinungsfreiheit-Toleranz>.
[179] *Habermas*, Legitimationsprobleme im Spätkapitalismus 148.
[180] *Habermas*, Legitimationsprobleme im Spätkapitalismus 148.
[181] *Habermas*, Theorie des kommunikativen Handelns Band I 52 – 53.

es sich nicht um einen echten Zwang handelt. Andere echte Zwänge, bei denen es sich nicht um individuelle Befindlichkeiten handelt, müssen verhindert werden. Das ist nicht nur nötig, um die Zwangsfreiheit des Diskurses zu sichern,[182] sondern auch wichtig, weil Habermas selbst davon spricht, dass es gewisse Grundrechte geben muss, die Lebensbedingungen sichern, damit eine jede und ein jeder die politischen Partizipationsrechte auch chancengleich nutzen kann.[183]

Die Annahme, dass es auch noch andere Zwänge in den Diskursen geben kann, die nicht dem Zwang des besseren Arguments entsprechen, schadet also dem Diskurs nicht, denn es können den Beteiligten Grundrechte gewährt werden, die eine chancengleiche Nutzung der politischen Partizipationsrechte gewähren. Bloße Befindlichkeiten müssen nicht verhindert werden und sind nicht zu beachten.

Es ist nun klar, wie mit echten Zwängen und bloßen Befindlichkeiten umzugehen ist, wenn es um Diskurse geht. Echte Zwänge müssen verhindert werden, bloße Befindlichkeiten sind unbeachtlich. Zwar bleibt eine Frage der Abgrenzung, die beantwortet werden muss, um einen vermeintlichen Zwang einer dieser beiden Kategorien zuweisen zu können, jedoch handelt es sich hierbei bloß um eine technische Abgrenzungsfrage. Eine solche Definition kann nicht ohne weiteres entwickelt werden, es ist aber möglich eine solche aufzustellen. Mit einer solchen Abgrenzungsdefinition ist die Herausfor-

---

[182] *Habermas*, Legitimationsprobleme im Spätkapitalismus 148.
[183] *Habermas*, Faktizität und Geltung[4] 156 – 157.

derung bewältigt, welche Zwänge nun echte Zwänge sind und verhindert werden müssen und welche Zwänge sich als bloße individuelle Befindlichkeiten entpuppen, die ignoriert werden können.

Die Zwangsfreiheit des Diskurses kann trotz der Notwendigkeit einer Abgrenzung zwischen Zwängen und bloßen Befindlichkeiten, die hier nicht gegeben werden kann, weil es sich um eine technische Frage handelt, sichergestellt werden. Denn es können nach Habermas Grundrechte gewährt werden, die eine chancengleiche Nutzung der politischen Partizipationsrechte sichern.[184] Somit werden die echten Zwänge im Diskurs ausgeschaltet und das Ideal der Zwangsfreiheit des Diskurses nach Habermas ist gesichert.[185] Daher ist dieser Einwand nicht überzeugend.

6.2.2 Die Verbindung zwischen Recht und Gerechtigkeit

Ein weiterer Einwand ist der Folgende: Zwar stellt die diskurstheoretische Begründung des Rechts Habermas' nicht den Anspruch auf, dass das Ergebnis des Diskurses das einzig „richtige" Ergebnis ist, sondern nur, dass das Recht rational begründet ist,[186] jedoch wäre es eine absurde Konsequenz, wenn der Diskurs es erlaubt, dass offensichtlich ungerechtes Recht Ergebnis des Diskurses sein darf.

---

[184] *Habermas*, Faktizität und Geltung[4] 156 – 157.
[185] *Habermas*, Legitimationsprobleme im Spätkapitalismus 148.
[186] *Kirste*, Rechtsphilosophie Einführung[2] 109.

Habermas trennt Recht und Moral. Der juristische Diskurs soll nicht als Teilmenge des moralischen Diskurses begriffen werden.[187] Daraus könnte man schließen, dass Recht, das von einem moralischen Standpunkt aus betrachtet als ungerecht erscheint, ohne weiteres legitim geltendes Recht sein kann. Diese Begründung des Rechts stellt also nicht sicher, dass Überlegungen in Bezug auf die Gerechtigkeit in den Diskurs einfließen können. Aus diesem Grund ist die diskurstheoretische Begründung des Rechts abzulehnen.

Das ist aber nicht zutreffend. Habermas selbst schreibt, dass der juristische Diskurs nicht als hermetisch abgeschlossenes Universum betrachtet werden soll. Der Rechtsetzungsprozess als Diskurs hat sich moralischen und ethischen Überlegungen offen zu halten.[188] Das Recht muss mit moralischen Grundsätzen in Einklang stehen.[189] Es ist nicht zutreffend zu behaupten, dass der juristische Diskurs für Überlegungen in Bezug auf Gerechtigkeit blind ist. Überlegungen, ob das erzeugte Recht auch gerecht ist, können sehr wohl im Diskurs zur Sprache gebracht werden und in das Ergebnis einfließen, indem moralische Überlegungen eingebracht werden.

Offensichtlich ungerechte Ergebnisse des Diskurses können also vermieden werden, denn alle Beteiligten können diese Überlegungen in die Diskussion einbringen und so auch tatsächlich Recht und Gerechtigkeit verbinden. Das stellt einen Mechanismus dar, um ungerechtes Recht verhindern zu können. Deswegen ist diesem Einwand auch nicht zu folgen.

---

[187] *Habermas*, Faktizität und Geltung[4] 283.
[188] *Habermas*, Faktizität und Geltung[4] 282 – 283.
[189] *Habermas*, Die Einbeziehung des Anderen[2] 284.

6.2.3 Zustimmung aller Rechtsgenossinnen und Rechtsgenossen

In Bezug auf die Zustimmungserfordernisse des Diskurses kann auch ein Einwand formuliert werden. Habermas verlangt die Zustimmung aller Rechtsgenossinnen und Rechtsgenossen, das sind die am Diskurs beteiligten Personen, damit das Recht legitime Geltung beanspruchen kann.[190] Nun könnte man behaupten, dass auch nur die fehlende Zustimmung einer Rechtsgenossin oder eines Rechtsgenossen dazu führt, dass das Recht seine legitime Geltung verliert. Auf eine Abstimmung in einem Parlament bezogen würde das bedeuten, dass schon eine einzige Nein-Stimme ein ganzes Gesetzesvorhaben zu Fall bringen könnte, auch wenn alle anderen Abgeordneten mit dem Vorhaben einverstanden sind. Das würde dazu führen, dass Minderheiten auf diese Weise den Rechtsetzungsprozess blockieren könnten. Ein demokratischer Prozess kann so nicht funktionieren, weil dies das System lähmen würde. Es werden also zu hohe Anforderungen an den Diskurs gestellt.

Es geht nun darum zu untersuchen, was unter der Zustimmung aller Rechtsgenossinnen und Rechtsgenossen nach Habermas zu verstehen ist.[191] Wie bereits gezeigt wurde, ist es zu viel zu verlangen, dass eine jede beteiligte Person in dem Sinne zustimmen müsste, dass bei einer Abstimmung Einstimmigkeit erzielt wird. Wenn man aber den Inhalt der Partizipationsrechte des Diskurses genauer betrachtet, ergibt sich, dass die Zustimmung aller Beteiligten nicht als Einstimmigkeit im Hinblick auf das inhaltliche Ergebnis verstanden

---

[190] *Habermas*, Faktizität und Geltung^4 141.
[191] *Habermas*, Faktizität und Geltung^4 141.

werden sollte, sondern als Zustimmung dazu, dass die Regeln des Diskurses als formelles Kriterium eingehalten wurden.

Es steht die rationale Begründung des Rechts durch den Austausch von Argumenten im Vordergrund, wenn Recht diskurstheoretisch bestimmt werden soll.[192] Der diskursive Rechtsetzungsprozess unterliegt selbst bestimmten Regeln.[193] Teil dieser Regeln sind die politischen Partizipationsrechte, denn sie stellen sicher, dass der Diskurs der Rechtsetzung auch als Diskurs geführt werden kann. Wenn also von der Zustimmung aller Beteiligten gesprochen wird, dann ist damit gemeint, dass alle Beteiligten ihre Partizipationsrechte ausüben konnten. Es geht darum, dass alle zustimmen konnten, dass der Diskurs als handlungsentlastete, zwangsfreie Äußerungssituation, wie er eben gesollt ist, geführt werden konnte.[194] Die Zustimmung der Rechtsgenossinnen und Rechtsgenossen ist ein formelles Kriterium, das sich auf den Ablauf des Diskurses als Prozess bezieht und nicht auf den Inhalt des Ergebnisses, das Recht, am Ende des Diskurses.

Wenn also alle Beteiligten die Möglichkeit hatten, die ihnen zustehenden Partizipationsrechte tatsächlich auszuüben, dann müssen sie notwendigerweise ihre Zustimmung zum Rechtsetzungsprozess geben können, auch wenn sie ein anderes inhaltliches Ergebnis bevorzugen würden. Eine Verweigerung der Zustimmung trotz Ausübung aller Partizipationsrechte in vollem Umfang kann den Rechtsetzungsprozess nicht seiner korrekten Durchführung berau-

---

[192] *Kirste*, Rechtsphilosophie Einführung[2] 109.
[193] *Habermas*, Faktizität und Geltung[4] 141.
[194] *Habermas*, Legitimationsprobleme im Spätkapitalismus 148.

ben. Diese Interpretation deckt sich mit Habermas, denn die Teilnehmerinnen und Teilnehmer des Diskurses sind nur an die Verfahrensregeln und Kommunikationsvoraussetzungen, formelle Kriterien, gebunden.[195]

Die Zustimmung aller Beteiligten am Diskurs ist nicht als Einstimmigkeit in Bezug auf das Ergebnis des Prozesses in inhaltlicher Sicht gemeint, sondern als Zustimmung dazu, dass alle Beteiligten ihre Partizipationsrechte ausüben konnten. Inhaltlicher Dissens über das Rechte als Ergebnis schadet nur, wenn die Partizipationsrechte der Beteiligten verletzt wurden, da sie diese nicht ausüben oder nicht hinreichend ausüben konnten.

Politische Partizipationsrechte sind nach Habermas als Teilnahmerechte am Diskurs der Rechtsetzung zu verstehen. Ihr Inhalt muss diese Teilnahme am Diskurs ermöglichen. Die Einwände, dass die Zustimmung aller Beteiligten am Diskurs zu hohe Anforderungen stellt und das Rechtsverständnis Habermas‘ keinen Raum für Gerechtigkeit lässt, können widerlegt werden. Zwar wurde keine Definition in Zusammenhang mit dem Einwand der Zwangsfreiheit des Diskurses aufgestellt, die bloße Befindlichkeiten und echte Zwänge voneinander unterscheidet, jedoch handelt es sich dabei nur um eine technische Schwierigkeit. Es ist klar wie mit Zwängen und Befindlichkeiten umzugehen ist, wenn sie als jeweils solche identifiziert wurden. Daher überzeugt auch dieser Einwand nicht.

---

[195] *Cohen* in Bohman/Reg, Deliberative Democracy, 67 (74); Habermas, Faktizität und Geltung[4] 370.

6.3 Der Inhalt politischer Partizipationsrechte nach Kirste

Während Habermas eine eigene Definition des Diskurses im Rahmen seines Rechtsbegriffes aufstellt,[196] baut Kirstes Begründung politischer Partizipationsrechte nicht auf einem Diskurs bzw. einer Definition von Recht auf, anhand dessen man den Inhalt dieser Rechte festmachen könnte. Jedoch kann darauf, wie diese Rechte begründet werden, zurückgegriffen werden, um ihren Inhalt zu bestimmen. Recht ist nach Kirste Ausdruck von Freiheit. Die Freiheit soll aber nicht nur Inhalt des Rechts sein, sondern auch dessen hervorbringender Grund.[197]

Weil die Personen, denen Rechte gewährt und Pflichten auferlegt werden, nach Kirste an der Begründung dieser mitwirken können sollen, weil sie sonst in ihrer Menschenwürde verletzt würden, müssen die politischen Partizipationsrechte ihrem Inhalt nach diese Mitwirkung an der Begründung des Rechts sicherstellen.[198] Politische Partizipationsrechte sind laut Kirste Rechte, die die demokratische Mitwirkung sicherstellen, was aktivem und passivem Wahlrecht entspricht, aber auch die Meinungsbildung ermöglichen sollen, was beispielsweise durch die Meinungsfreiheit gesichert wird.[199] Es ist aber festzuhalten, dass demokratische Partizipation nur eine Unterform von Partizipation ist. Partizipation im Allgemeinen kann auch

---

196 *Habermas*, Legitimationsprobleme im Spätkapitalismus 148.
197 *Kirste* in Reinau/Ungern-Sternberg, Politische Partizipation, 309 (326).
198 *Kirste* in Reinau/Ungern-Sternberg, Politische Partizipation, 309 (327).
199 *Kirste* in Reinau/Ungern-Sternberg, Politische Partizipation, 309 (322).

ungleich nach Betroffenheit erfolgen.[200] Die Teilnahme an der Begründung des Rechts nach Kirste besteht wie bei Habermas nicht nur darin, dass eine Stimme in einem Wahllokal abgegeben wird, sondern beginnt schon in einem vor- und außerparlamentarischen Prozess, denn nur so kann sichergestellt werden, dass sich die Beteiligten auch eine begründete politische Meinung bilden können. Diese Meinung dient nicht nur als Grundlage der Wahlentscheidung, sondern auch für die Ausübung anderer Partizipationsrechte.[201]

Sowohl im Falle Kirstes Begründung als auch Habermas' Begründung ist der Inhalt politischer Partizipationsrechte ähnlich, denn die Teilnahme an der Begründung des Rechts macht den Inhalt dieser Rechte aus. Zwar können die Ausführungen zu Habermas' diskurstheoretischer Begründung hier nicht direkt auf Kirste übertragen werden, jedoch schreibt Kirste davon, dass sich die Selbstbestimmung im herrschaftsfreien Bereich abspielt.[202] Die Freiheit von Zwängen bei der Begründung des Rechts spielt also auch eine bedeutende Rolle. Es geht nicht nur darum das Wahlrecht einer Person zu gewähren, sondern ihr auch die Meinungsbildung zu ermöglichen.[203] Auch bei Kirste bestehen daher die politischen Partizipationsrechte daraus, dass man sich eine begründete politische Meinung frei von Zwängen bilden kann, die als Grundlage einer politischen Entscheidung dient.

---

[200] *Kirste* in Reinau/Ungern-Sternberg, Politische Partizipation, 309 (321 – 322).
[201] *Kirste* in Reinau/Ungern-Sternberg, Politische Partizipation, 309 (328).
[202] *Kirste* in Reinau/Ungern-Sternberg, Politische Partizipation, 309 (327).
[203] *Kirste* in Reinau/Ungern-Sternberg, Politische Partizipation, 309 (322).

Der Inhalt politischer Partizipationsrechte nach Habermas ergibt sich daraus, dass eine allgemeine Definition des Diskurses auf den Rechtsetzungsprozess als Diskurs übertragen wird. Die Partizipationsrechte müssen ihrem Inhalt nach so beschaffen sein, dass sie den Diskurs als handlungsentlastete Äußerungssituation, in der sie Begründungen einfordern können, sichern können. Einwände gegen diesen diskursiven Rechtsbegriff überzeugen nicht. Kirste definiert den Inhalt politischer Partizipationsrechte zwar anhand der Menschenwürde, es geht jedoch auch bei ihm darum, dass eine Beteiligung der Betroffenen an der Begründung des Rechts gesichert werden muss.

7. Wahlrecht als Menschen- oder Staatsbürgerrecht?

In Kapitel 5 wurden politische Partizipationsrechte anhand des diskursiven Rechtsbegriffes Habermas‘ und der Menschenwürde nach Kirste rechtsphilosophisch begründet. In Kapitel 6 folgte darauf eine genauere Bestimmung des Inhaltes dieser Rechte, wobei sich zeigte, dass der Inhalt sowohl nach Habermas als auch nach Kirste an eine Beteiligung an der Begründung von Rechten und Pflichten anknüpft. Nun ist zu klären, wer die an diesem Prozess der Rechtsetzung beteiligten Personen sein sollen, denn sie sind die Trägerinnen und Träger der Partizipationsrechte. Das ist zentral, weil das Wahlrecht, wie bereits festgestellt, ein politisches Partizipationsrecht ist und sowohl Habermas als auch Kirste Partizipation zu einem wesentlichen Element ihrer Begründung machen. Wenn klar ist, wem das Partizipationsrecht Wahlrecht zukommen soll, dann ist auch klar, ob Personen ohne Staatsbürgerschaft Trägerinnen und Träger des Wahlrechts sein sollen oder nicht. Zuerst wird mit Habermas begonnen, dann wird auf Kirste eingegangen werden.

7.1 Autorenschaft am Recht als Selbstgesetzgebung nach Habermas

Es muss der Definition Habermas' von Recht und dessen legitimer Geltung das Element der Selbstgesetzgebung hinzugefügt werden. Die Idee der Selbstgesetzgebung von Bürgerinnen und Bürgern fordert, dass die dem Recht unterworfenen Rechtsadressatinnen und Rechtsadressaten sich zugleich als Autorinnen und Autoren dieses Rechts verstehen können. Dieses Prinzip repräsentiert die Grundidee der Demokratie, in der die Herrschenden zugleich die Beherrschten sind, was sich auch eindeutig aus der Formulierung „Selbstgesetzgebung" ergibt. Die Selbstgesetzgebung nach Habermas knüpft an die Autorenschaft des Rechts an.[204]

Die Autorenschaft ist die Partizipation an der Erzeugung des Rechts im diskursiven Rechtsetzungsprozess, indem man die einer oder einem zustehenden Partizipationsrechte ausübte. Selbstgesetzgebung ist nur erfüllt, wenn die Rechtsunterworfenen auch diejenigen sind, die das Recht erzeugten, indem sie ihre Partizipationsrechte ausüben konnten. Es ist wichtig von Können zu sprechen, denn es wäre totalitär zu verlangen, Partizipationsrechte ausüben zu müssen.[205] Es muss also wieder auf das Verständnis von Recht und dessen legitimer Geltung verwiesen werden, um verstehen zu kön-

---

[204] *Habermas*, Faktizität und Geltung^4 153.
[205] *Habermas*, Faktizität und Geltung^4 641.

nen, wie das Recht erzeugt wird, damit der Begriff der Autorenschaft begründet werden kann, wie er oben vorgestellt wurde.

In den Kapiteln 5 und 6 wurde erläutert, dass Recht nach Habermas das Produkt eines diskursiven Rechtsetzungsprozesses ist.[206] Wenn sich die Rechtsgenossinnen und Rechtsgenossen an diesem Prozess so beteiligen können, wie es die politischen Partizipationsrechte ihnen einräumen, dann ist das Ergebnis legitim geltendes Recht. Es ist wieder festzuhalten, dass das Recht damit rational begründet ist, es sich aber nicht um eine logische Herleitung des Rechts handelt, die zu einem einzigen richtigen Ergebnis führt.[207] Autorinnen und Autoren des Rechts zu sein meint, sich am Diskurs so beteiligen zu können, dass man auch tatsächlich die einer oder einem zustehenden politischen Partizipationsrechte als Teilnahmerechte am Diskurs ausüben konnte.

Damit ist aber nur gezeigt, dass, wenn die Rechtsgenossinnen und Rechtsgenossen ihre politischen Partizipationsrechte ausüben können, das Ergebnis nicht nur Recht mit legitimer Geltung ist, sondern auch der Idee der Selbstgesetzgebung und somit der Demokratie entspricht. Damit wird aber nichts darüber gesagt, wem diese Partizipationsrechte nun zukommen sollen. Wenn einer Person keine politischen Partizipationsrechte zustehen, stellt sich die Frage, ob sie überhaupt zu einer Autorin oder einem Autor des Rechts werden kann und welche Konsequenzen das hat.

---

206 *Habermas*, Faktizität und Geltung^4 141.

207 *Kirste*, Rechtsphilosophie Einführung^2 109.

Autorenschaft des Rechts meint die Möglichkeit der Ausübung der zustehenden politischen Partizipationsrechte. Wenn einer Person aber keine solchen Rechte zustehen, dann kann sie diese Rechte auch nicht ausüben. Entweder kann die Person nicht Autorin oder Autor des Rechts werden oder die Frage nach der Autorenschaft muss erst nicht gestellt werden, weil Autorenschaft am Recht politische Partizipationsrechte in Bezug auf den Rechtsetzungsprozess schon begrifflich voraussetzt. Diese beiden Fälle werden im Folgenden unterschieden.

Im ersten Fall ergibt sich die Herausforderung, dass zwar Recht legitime Geltung verliehen werden kann, weil die Rechtsgenossinnen und Rechtsgenossen mittels ihrer politischen Partizipationsrechte am Diskurs der Rechtsetzung teilnehmen können, jedoch gibt es auch Rechtsnormen, die einen Adressatenkreis haben, der über den Kreis der Rechtsgenossinnen und Rechtsgenossen hinausgeht. Beispiele dafür sind Allgemeindelikte des StGB wie § 75: Eine jede natürliche Person kann einen Mord begehen, weswegen sich das Verbot des Mordes an alle natürlichen Personen richtet und nicht an einen durch Gattungsmerkmale umschriebenen Adressatenkreis.[208] Nun kann es durchaus sein, dass ein Teil der Rechtsadressatinnen und Rechtsadressaten nicht zum Kreis der Rechtsgenossinnen und Rechtsgenossen zählt. Das Recht kann legitime Geltung beanspruchen, jedoch erfüllt das nicht die Voraussetzungen an die Selbstgesetzgebung, weil bestimmte Rechtsadressatinnen und Rechtsadres-

[208] *Birklbauer/Hilf/Tipold*, Strafrecht Besonderer Teil I[4] (2017) § 75 Rz 6; *Fuchs/Zerbes*, Strafrecht Allgemeiner Teil I Grundlagen und Lehre von der Straftat[10] (2018) Kapitel 10 Rz 35; *Seiler*, Strafrecht Allgemeiner Teil 1 Grundlagen und Lehre von der Straftat[3] (2016) Rz 127.

saten niemals Autorinnen und Autoren des Rechts sein können. Ihnen fehlen entweder sämtliche Partizipationsrechte oder wesentliche davon, die die Grundlage für die Autorenschaft und somit die Selbstgesetzgebung bilden. Das Recht kann nicht als demokratisch verstanden werden, weil die Selbstgesetzgebung nicht erfüllt ist. Es ist unerheblich, dass dem Recht legitime Geltung verliehen werden kann. Das Recht sollte sowohl legitime Geltung als auch demokratische Legitimation beanspruchen können. Der eben beschriebene Fall ist zu vermeiden, da dessen Konsequenzen nicht akzeptiert werden können.

Im zweiten Fall kann man behaupten, dass man nicht die Frage nach der Autorenschaft des Rechts stellen muss, wenn politische Partizipationsrechte oder zumindest das Wahlrecht als eines davon einer Person aufgrund rechtsphilosophischer Überlegungen überhaupt nicht erst zustehen sollen. Eine Person, die zum Adressatenkreis einer Rechtsnorm zählt, der aber keine politischen Partizipationsrechte aufgrund rechtsphilosophischer Überlegungen zukommen sollen, kann schon per definitionem keine politische Partizipationsrechte ausüben. Diese Personen sind zwar damit von der Autorenschaft des Rechts ausgeschlossen, aber das schadet der Selbstgesetzgebung nicht. Denn sie sind aus der Menge der möglichen Autorinnen und Autoren schon auszuscheiden, bevor die Frage nach der Autorenschaft überhaupt gestellt werden muss. Es ist also unerheblich, ob alle Rechtsadressatinnen und Rechtsadressaten auch zur Autorenschaft des Rechts zählen, denn für manche kommt eine Autorenschaft einfach nicht in Frage.

Diese Position ist gegenüber der vorherigen vorzuziehen. Habermas spricht von „Rechtsgenossinnen und Rechtsgenossen“[209] und „Bürgerinnen und Bürgern“ bzw. der „Selbstgesetzgebung von Bürgern“.[210] Wer Adressatin ist, muss nicht notwendigerweise Bürgerin oder Genossin sein. Das deckt sich auch damit, dass die staatliche Macht nach Habermas durch die Staatsbürgerinnen und Staatsbürger erzeugt und legitimiert wird.[211] Der Kreis der Rechtsgenossinnen und Rechtsgenossen ist enger zu ziehen als der Kreis der Rechtsadressatinnen und Rechtsadressaten. Um Adressatin oder Adressat zu sein, reicht es schon aus in der betreffenden Rechtsnorm als solche oder solcher bezeichnet zu werden. Rechtsgenossin oder Rechtsgenosse zu sein, setzt eine gewisse Assoziation und Verbindung zum Recht voraus, die nicht schon dadurch erreicht werden kann, als Adressatin oder Adressat bezeichnet zu werden. Auf diese Assoziation wird im nächsten Kapitel noch genauer eingegangen werden.

Damit Recht legitime Geltung erreichen kann, reicht die Partizipation der Rechtsgenossinnen und Rechtsgenossen bereits aus. Es wird nicht von den Adressatinnen und Adressaten gesprochen.[212] Der Rechtsetzungsprozess ist nichts anderes als der Gesetzgebungsprozess, weswegen die Selbstgesetzgebung im Sinne von Habermas [213] als Selbstgesetzgebung der Rechtsgenossinnen und Rechtsgenossen aufgefasst werden soll. Das wird dadurch unter-

---

[209] *Habermas*, Faktizität und Geltung[4] 141.
[210] *Habermas*, Faktizität und Geltung[4] 153.
[211] *Habermas*, Die Einbeziehung des Anderen[2] 280.
[212] *Habermas*, Faktizität und Geltung[4] 141.
[213] *Habermas*, Faktizität und Geltung[4] 153.

stützt, dass Habermas von einer Selbstgesetzgebung der Bürger spricht.[214] Die Bürgerinnen und Bürger sind daher als die Rechtsgenossinnen und Rechtsgenossen zu verstehen. Eine Partizipation aller Adressatinnen und Adressaten des Rechts wird nicht zur Voraussetzung gemacht, um dem Recht legitime Geltung zu verleihen.[215] Daher wird auch die Autorenschaft aller Adressatinnen und Adressaten nicht zur Voraussetzung gemacht, denn die Autorenschaft ist die Ausübung der politischen Partizipationsrechte im diskursiven Rechtsetzungsprozess. Und eben diesen Personen kommen keine solchen Partizipationsrechte zu.

Die Frage danach, ob auch die Adressatinnen und Adressaten des Rechts mittels Partizipation zur Autorenschaft beitragen müssen, um die Selbstgesetzgebung erfüllen zu können, muss nicht gestellt werden, weil Partizipationsrechte nur den Rechtsgenossinnen und Rechtsgenossen zustehen. Daher ist auch das Prinzip der Selbstgesetzgebung erfüllt, wenn nicht alle Adressatinnen und Adressaten des Rechts an der Rechtsetzung partizipieren konnten.

Es ist an dieser Stelle festzustellen, dass eine Beschränkung aller politischen Partizipationsrechte auf die Staatsbürgerinnen und Staatsbürger mit größeren Herausforderungen verbunden ist als eine Beschränkung eines einzigen Partizipationsrechts, nämlich des Wahlrechts, auf dieselben. Wenn aber nur das politische Partizipationsrecht Wahlrecht Personen ohne Staatsbürgerschaft vorenthalten wird, diesen Personen aber andere Partizipationsrechte gewährt

214 *Habermas*, Faktizität und Geltung^4 153.
215 *Habermas*, Faktizität und Geltung^4 141.

werden, dann ist es einfacher, eine mögliche Rechtfertigung für diese Ungleichbehandlung zu finden. Um in den folgenden Kapiteln eine Beschränkung des politischen Partizipationsrechts auf die Staatsbürgerinnen und Staatsbürger rechtfertigen zu können, ist Habermas so zu lesen, dass die oben dargelegte Beschränkung politischer Partizipationsrechte sich nur auf das Wahlrecht und nicht auf andere politische Partizipationsrechte zu beziehen hat. Sonst würde man vor zu große Herausforderungen in Bezug auf die Rechtfertigung dieser Ungleichbehandlung gestellt werden.

Zusammenfassend kann man festhalten, dass die Selbstgesetzgebung als demokratisches Ideal darin besteht, dass die Adressatinnen und Adressaten des Rechts sich auch als Autorinnen und Autoren des Rechts verstehen können. Das Partizipationsrecht Wahlrecht beschränkt sich aber auf die Rechtsgenossinnen und Rechtsgenossen.[216] Dies schadet dem Ideal der Selbstgesetzgebung nicht, obwohl es Rechtsadressatinnen und Rechtsadressaten gibt, denen das Wahlrecht nicht zusteht. Denn die Selbstgesetzgebung entspricht der Gesetzgebung, die dem diskursiven Rechtsetzungsprozess entspricht.[217] Es ist ausreichend, dass nur den Rechtsgenossinnen und Rechtsgenossen das Partizipationsrecht Wahlrecht zusteht. Wenn einer Person das Wahlrecht aufgrund rechtsphilosophischer Überlegungen nicht zusteht, dann ist die Frage nach der Autorenschaft in Form des Wahlrechts nicht erst zu stellen. Es kann also Adressatinnen und Adressaten des Rechts geben, die aber nicht Rechtsgenossinnen und Rechtsgenossen sind und denen damit das

---

[216] *Habermas*, Faktizität und Geltung^4 141, 153.
[217] *Habermas*, Faktizität und Geltung^4 141.

Wahlrecht nicht gewährt wird, ohne dass das Prinzip der Selbstgesetzgebung verletzt werden würde.

7.2 Rechtsgenossenschaft als Staatsbürgerschaft

Nachdem im vorherigen Unterkapitel das Prinzip der Selbstgesetzgebung vorgestellt und mit den Definitionen von legitimer Geltung von Recht verbunden wurde, wurde damit gezeigt, dass das Prinzip der Selbstgesetzgebung nicht verletzt ist, wenn das Wahlrecht auf die Rechtsgenossinnen und Rechtsgenossen beschränkt wird. Das erzeugte Recht kann damit nicht nur legitime Geltung beanspruchen, sondern ist auch demokratisch legitimiert. Dieses Unterkapitel soll zeigen, wer unter den Rechtsgenossinnen und Rechtsgenossen zu verstehen ist. Das ist von Bedeutung, da nur so gezeigt werden kann, wer die Trägerinnen und Träger des Wahlrechts sind.

Wie schon diskutiert, ist der Kreis der Adressatinnen und Adressaten des Rechts weiter zu ziehen als der Kreis der Rechtsgenossinnen und Rechtsgenossen. Es ist also notwendig, dass die Rechtsgenossinnen und Rechtsgenossen auch zum Adressatenkreis gehören, aber das ist keine hinreichende Eigenschaft, um Rechtsgenossin oder Rechtsgenosse zu werden. Um den Begriff weiter eingrenzen zu können, müssen zusätzliche Eigenschaften hinzugefügt werden.

Genossin oder Genosse kann auch Kameradin oder Kamerad bedeuten.[218] Der Kameradenbegriff zeichnet sich dadurch aus, dass die Kameradinnen und Kameraden durch eine Gemeinsamkeit verbunden sind und daher eine gewisse Assoziation zueinander haben, die anderen fehlt, die nicht zu diesem Personenkreis gehören.[219] Diese Überlegungen müssen nun auf die Rechtsgenossinnen und Rechtsgenossen übertragen werden. Die Rechtsgenossinnen und Rechtsgenossen sind nämlich durch eine Gemeinsamkeit miteinander verbunden, die sie von anderen Adressatinnen und Adressaten des Rechts unterscheidet.

Die entscheidende Gemeinsamkeit, die die Rechtsgenossinnen und Rechtsgenossen verbindet, ist die Staatsbürgerschaft. Die Selbstgesetzgebung ist laut Habermas eine Selbstgesetzgebung der Bürgerinnen und Bürger. Zwar müssen alle Personen, die zum Adressatenkreis gehören, auch Autorinnen und Autoren des Rechts sein,[220] aber wie im vorherigen Unterkapitel 7.1 gezeigt wurde, schadet eine Beschränkung des Wahlrechts auf Personen mit Staatsbürgerschaft nicht, um das Prinzip der Selbstgesetzgebung zu erfüllen. Es muss also nicht allen Rechtsadressatinnen und Rechtsadressaten das politische Partizipationsrecht Wahlrecht verliehen werden, um diesem Prinzip gerecht zu werden. Es ist ausreichend, es der Gruppe der Staatsbürgerinnen und Staatsbürger zu gewähren.

---

[218] <www.duden.de/rechtschreibung/Genosse> (15.3.2021).
[219] <www.duden.de/rechtschreibung/Kamerad> (15.3.2021).
[220] *Habermas*, Faktizität und Geltung[4] 153.

Dass Personen, die zwar zum Adressatenkreis, aber nicht zum Kreis der Rechtsgenossinnen und Rechtsgenossen gehören, andere politische Partizipationsrechte zustehen, wird in den nächsten Unterkapiteln von Bedeutung sein, wenn mögliche Einwände diskutiert werden. Welches Konzept von Staatsbürgerschaft Habermas entwickelte, wird in Kapitel 8 erörtert werden.

Die folgenden Unterkapitel werden mögliche Einwände gegen diese Beschränkung des Wahlrechts auf die Staatsbürgerinnen und Staatsbürger erörtern, weil nichtsdestotrotz ein Spannungsverhältnis zwischen der Autorenschaft aller Adressatinnen und Adressaten[221] und der Partizipation in Gestalt des Wahlrechts, die sich auf die Rechtsgenossinnen und Rechtsgenossen beschränkt, besteht.[222] Dieses soll aufgelöst werden, bevor auf Kirste eingegangen werden kann.

---

[221] *Habermas*, Faktizität und Geltung[4] 153.
[222] *Habermas*, Faktizität und Geltung[4] 141.

7.2.1 Der Einwand der Abgrenzung der Teilnehmerinnen und Teilnehmer des Diskurses – Eine Verletzung der Selbstgesetzgebung?

Wenn das Recht als Produkt eines diskursiven Rechtsetzungsprozesses verstanden werden soll, dann muss geklärt werden, wer die daran beteiligten Personen sind.[223] Jedoch stellt sich diese Abgrenzungsfrage in Bezug auf das Wahlrecht auch, wenn man keinen solchen Rechtsbegriff vertritt.[224] Falls alle Personen, die vom Recht betroffen sind, auch partizipieren können, dann ergibt sich die Problematik nicht, dass eine Abgrenzung der beteiligten Personen gefunden werden muss. Wenn man aber Habermas folgt und das Wahlrecht auf die Staatsbürgerinnen und Staatsbürger beschränkt,[225] dann muss diese Abgrenzung im Hinblick auf das Wahlrecht begründet werden. Zwar wurde im vorherigen Kapitel bereits gezeigt, wie eine solche Abgrenzung begründet werden kann, dieses Kapitel soll einen Einwand dagegen aufzeigen und untersuchen.

Habermas selbst schreibt, dass die Adressatinnen und Adressaten des Rechts sich als Autorinnen und Autoren desselben verstehen müssen, um der Selbstgesetzgebung gerecht zu werden.[226] Es wird also anerkannt, dass die Betroffenheit aufgrund des Rechts in Form von Rechten und Pflichten auch ein Grund dafür ist, partizipieren zu dürfen. Es soll somit eine jede vom Recht betroffene Person zu ei-

[223] *Benhabib*, The Rights of Others Aliens Residents and Citizens, übersetzt von Jakubzik, in Beck (Hrsg), Die Rechte der Anderen Ausländer Migranten Bürger (2008), 27.
[224] *Whelan*, Prologue: Democratic Theory and the Boundary Problem, Nomos 1983, 13 (13).
[225] *Habermas*, Faktizität und Geltung[4] 141.
[226] *Habermas*, Faktizität und Geltung[4] 153.

nem gewissen Grad an der Begründung partizipieren können. Dies wird auch der Idee der Selbstgesetzgebung und der Grundidee der Demokratie gerecht, in der sich die Rechtsunterworfenen auch als die Gesetzgeberinnen und Gesetzgeber verstehen.[227]

Die Problematik, die sich ergibt, ist, dass nicht einer jeden vom Recht betroffenen Person auch im Diskurs ein Wahlrecht zukommt, weil es nur die Staatsbürgerinnen und Staatsbürger sein sollen, denen dieses spezielle Partizipationsrecht zusteht. Anderen Adressatinnen und Adressaten des Rechts können jedoch andere Partizipationsrechte zukommen. Es scheint also hier eine Verletzung dieses Demokratieprinzips zu geben, da ihnen ein Partizipationsrecht nur aufgrund der Staatsbürgerschaft vorenthalten wird. Diese Ungleichbehandlung kann aber gerechtfertigt werden.

Wenn nur bestimmten Personen, den Staatsbürgerinnen und Staatsbürgern, das Wahlrecht zukommt, dieses Recht aber Personen ohne Staatsbürgerschaft verwehrt bleibt, dann können diese Personen ohne Staatsbürgerschaft niemals den Änderungsvorschlag einbringen, diese Exklusionsregeln für das Wahlrecht zu ändern, damit auch sie partizipieren können. Diese Personen sind also schon vom Diskurs ausgeschlossen, bevor dieser überhaupt begonnen hat, weil andere über ihre Teilnahme bestimmen, da sie die Mitglieder der politischen Vertretungskörper mit ihrem Wahlrecht bestimmen. Damit kann der diskursive Rechtsetzungsprozess nicht der Selbstgesetzgebung gerecht werden, weil zugelassen wird, dass

---

227 *Berka*, Verfassungsrecht[4] Rz 123; *Mayer/Kucsko-Stadlmayer/Stöger*, Bundesverfassungsrecht[11] Rz 148; *Öhlinger/Eberhard*, Verfassungsrecht[12] Rz 331.

Adressatinnen und Adressaten des Rechts nicht an seiner Entstehung partizipieren können.

Zu behaupten, dass es sich bei der Staatsbürgerschaft um eine historisch kontingente Entwicklung handelt, die einfach hinzunehmen ist, ist nicht überzeugend. Damit würde der diskurstheoretischen Begründung von Recht die moralische Grundlage entzogen. Die diskurstheoretische Begründung der Partizipationsrechte kann damit nicht einen moralischen Anspruch erheben.[228] Anders formuliert würde damit aus einem Sein, der Staatsbürgerschaft als historische Entwicklung, auf ein Sollen, dem Ausschluss von Personen ohne Staatsbürgerschaft vom Wahlrecht, geschlossen werden. Das ist ein klassischer Sein-Sollen-Fehlschluss, den schon Hume kritisierte.[229]

Das Argument des vorherigen Kapitels, dass nur den Rechtsgenossinnen und Rechtsgenossen das Wahlrecht zukommen soll, vermeidet das Problem nicht. Zwar stellt die Staatsbürgerschaft die Assoziation her, die aufgrund der Formulierung „Rechtsgenossinnen und Rechtsgenossen“[230] verlangt wird, aber das lässt die Frage weiterhin offen, warum es genau diese Assoziation ist, die das politische Partizipationsrecht Wahlrecht begründet und nicht die Eigenschaft, eine Adressatin oder ein Adressat des Rechts[231] zu sein. Auch kann die Tatsache, dass Personen ohne Staatsbürgerschaft nur ein einziges Partizipationsrecht vorenthalten wird, immer noch eine Verletzung

---

[228] *Benhabib*, The Rights of Others, in Beck, 26.

[229] *Hume*, A Treatise of Human Nature, Buch III Teil I Kapitel I, übersetzt von Lipps, in Brandt (Hrsg), Ein Traktat über die menschliche Natur in 2 Bänden Band II (1978), 211.

[230] *Habermas*, Faktizität und Geltung^4 283.

[231] *Habermas*, Faktizität und Geltung^4 153.

der Selbstgesetzgebung darstellen, wenn das nicht begründet werden kann.

Es besteht also ein Spannungsverhältnis zwischen dem Anspruch, dass alle Rechtsadressatinnen und Rechtsadressaten voll und ganz partizipieren dürfen, was auch das Wahlrecht miteinschließt, und der Unterscheidung hinsichtlich des Wahlrechts zwischen Personen mit Staatsbürgerschaft und ohne Staatsbürgerschaft.[232] Man kann daraus schließen, dass ein diskursiver Rechtsetzungsprozess, der nur die Staatsbürgerinnen und Staatsbürger voll partizipieren lässt, indem nur ihnen auch das Wahlrecht gewährt wird, nicht dem Ideal der Selbstgesetzgebung gerecht wird. Allen potenziellen Betroffenen ist somit das Wahlrecht zu gewähren, denn nur so kann sichergestellt werden, dass auch sie voll und ganz am Diskurs partizipieren konnten. Das Wahlrecht soll also Personen ohne Staatsbürgerschaft gewährt werden.

Mit anderen Worten: Die Anforderungen an die demokratische Begründung des Rechts mittels der Selbstgesetzgebung können nur erfüllt werden, wenn auch allen Personen ein Wahlrecht zukommt, die zum Adressatenkreis des Rechts gehören, weswegen eine Beschränkung des Wahlrechts aufgrund der Staatsbürgerschaft dem Recht die demokratische Legitimation entzieht. Die in Kapitel 7.2 dargelegte Beschränkung ist daher nicht gerechtfertigt.

---

[232] *Benhabib*, The Rights of Others, in Beck, 29 – 30.

Zwischen diesen beiden Polen, Wahlrecht nur für Personen mit Staatsbürgerschaft und Wahlrecht für alle, kann mit dem Begriff der demokratischen Iterationen vermittelt werden. Es kann also gerechtfertigt werden, dass das Abgrenzungsmerkmal der Staatsbürgerschaft für die Verleihung des Wahlrechts verwendet wird und somit Personen ohne Staatsbürgerschaft dieses nicht gewährt wird, ohne dass dabei der Rechtsetzungsprozess die Selbstgesetzgebung verletzen würde.[233] Dabei muss nicht auf die Assoziation, die durch die Staatsbürgerschaft gesichert wird, zurückgegriffen werden, die im vorherigen Kapitel verwendet wurde.

Die nationalen Parlamente sind die staatlichen Institutionen, denen die Kompetenz zukommt, Rechtsnormen erlassen zu dürfen, wie bereits öfter in dieser Diplomarbeit festgestellt wurde. Es ist notwendig, dass diese Institutionen mit Mehrheit entscheiden, da ein Druck zu Handlungen besteht. Die Deliberationen können nicht ins Unendliche gehen.[234] Den Staatsbürgerinnen und Staatsbürgern wird die volle Partizipation an dem diskursiven Rechtsetzungsprozess gewährt, denn sie bestimmen mit ihrem Wahlrecht, wer Mitglied dieser Parlamente werden kann. Damit bestimmen sie indirekt, welche Gesetzesvorschläge gemacht, diskutiert und letztlich in geltendes Recht umgesetzt werden. Jedoch ist dabei zu beachten, dass die Parlamente zwar in vielerlei Hinsicht nach einer geschlagenen Wahl von der öffentlichen Meinung und den Wahlberechtigten unabhängig sind, indem sie einen Gesetzesvorschlag zu einem Gesetz machen können, auch wenn die Mehrheit der Staatsbürgerinnen und Staats-

---

[233] *Benhabib*, The Rights of Others, in Beck, 30.
[234] *Habermas*, Faktizität und Geltung[4] 613; *Pfetsch*, Theoretiker der Politik 558.

bürger dem nicht zustimmen würde, jedoch darf nicht außer Acht gelassen werden, dass diese Unabhängigkeit auch Grenzen hat. Es ist möglich, dass die Parlamente gegen die öffentliche Meinung entscheiden, aber es stellt sich die Frage, ob von dieser Möglichkeit auch tatsächlich Gebrauch gemacht wird.[235]

Die Parlamente befinden sich in einer Art Belagerung durch die Öffentlichkeit, die ihre Arbeit bestimmt, was auch schon Habermas feststellte.[236] Benhabib verfolgt eine ähnliche Argumentation hinsichtlich politischer Partizipation an der Rechtsetzung. Die Parlamente können sich der Öffentlichkeit und deren Meinung nicht entziehen, auch wenn sie eine gewisse Unabhängigkeit nach einer geschlagenen Wahl genießen. Personen ohne das Partizipationsrecht Wahlrecht können zwar nicht mittels des Wahlrechts bestimmen, wer Mitglied der Parlamente wird, jedoch können sie mittels anderer ihnen zustehender Partizipationsrechte Einfluss darauf nehmen, welche Diskurse in den Parlamenten geführt werden. Es ist nicht notwendig, dass einem das politische Partizipationsrecht Wahlrecht zusteht, um sich am Diskurs der Rechtsetzung beteiligen zu können und die Selbstgesetzgebung zu erfüllen.[237]

---

[235] *Biskamp*, Staatsbürgerschaft und Ideologie. Auf dem Weg zu einer gesellschaftstheoretisch reflektierten politischen Theorie von politischer Mitgliedschaft und ihre Grenzen, in Grünendahl et al. (Hrsg), Studien zur Migrations- und Integrationspolitik Staatsbürgerschaft im Spannungsfeld von Inklusion und Exklusion Internationale Perspektiven (2019) 73 (91).

[236] *Habermas*, Faktizität und Geltung[4] 626.

[237] *Biskamp* in Grünendahl et al., Studien zur Migrations- und Integrationspolitik, 73 (91).

Beispiele für solche anderen Partizipationsrechte in der geltenden österreichischen Rechtsordnung sind das Recht auf freie Meinungsäußerung nach Art.10 EMRK sowie die Versammlungs- und Vereinigungsfreiheit nach Art.11 EMRK, die nicht an die Staatsbürgerschaft knüpfen, sondern einer jeden Person gewährt werden.[238] Die hL im österreichischen Verfassungsrecht spricht von sogenannten „Jedermannsrechten".[239] Durch den Gebrauch dieser Rechte können auch Personen ohne Staatsbürgerschaft am Diskurs teilnehmen und bestimmen, welche Diskurse in den Parlamenten geführt werden sollen, die in geltendes Recht münden.[240]

Indem Personen ohne Staatsbürgerschaft andere politische Partizipationsrechte gewährt werden, wird vermieden, dass Personen ohne Staatsbürgerschaft vom Diskurs komplett ausgeschlossen werden. Es wird ihnen nur das Wahlrecht vorenthalten. Das bedeutet in weiterer Folge, dass dem Recht nicht die legitime Geltung und demokratische Legitimation fehlt, die diesem fehlen würde, wenn sich nicht alle Adressatinnen und Adressaten am Diskurs beteiligen könnten, ohne die Unterscheidung in Personen mit und ohne Staatsbürgerschaft hinsichtlich des Wahlrechts dabei aufzugeben.[241] Das Prinzip der Selbstgesetzgebung nach Habermas wird erfüllt,

---

[238] Konvention zum Schutze der Menschenrechte und Grundfreiheiten (EMRK), BGBl 210/1958 idF BGBl III 47/2010.

[239] *Berka*, Verfassungsrecht[4] Rz 1157; *Berka/Binder/Kneihs*, Die Grundrechte Grund- und Menschenrechte in Österreich[2] (2019) 100 – 101; *Mayer/Kucsko-Stadlmayer/Stöger*, Bundesverfassungsrecht[11] Rz 1323; *Öhlinger/Eberhard*, Verfassungsrecht[12] Rz 702.

[240] *Biskamp* in Grünendahl et al., Studien zur Migrations- und Integrationspolitik, 73 (91).

[241] *Biskamp* in Grünendahl et al., Studien zur Migrations- und Integrationspolitik, 73 (91).

denn alle Adressatinnen und Adressaten können sich als Autorinnen und Autoren des Rechts verstehen.[242]

Während die Staatsbürgerinnen und Staatsbürger mittels des Wahlrechts und anderer Partizipationsrechte die Autorenschaft durch Partizipation begründen können, können Personen ohne Staatsbürgerschaft durch den Gebrauch dieser anderen Partizipationsrechte ihre Autorenschaft am Recht begründen.

Dieses Unterkapitel zeigte, dass die Rechtsgenossinnen und Rechtsgenossen laut Habermas die Staatsbürgerinnen und Staatsbürger sind. Ihnen und nur ihnen soll das politische Partizipationsrecht Wahlrecht zukommen. Das erfüllt das Prinzip der Selbstgesetzgebung und verletzt es nicht, nur weil Personen ohne Staatsbürgerschaft vom Wahlrecht ausgeschlossen sind. Dass nur die Staatsbürgerinnen und Staatsbürger mittels des Wahlrechts partizipieren, während Personen ohne Staatsbürgerschaft mittels anderer Rechte partizipieren können, erfüllt das Prinzip der Selbstgesetzgebung, weil sich alle Adressatinnen und Adressaten auch als Autorinnen und Autoren verstehen können.

7.3 Partizipation als Menschenrecht nach Kirste

In Kapitel 5.2 wurde ein zweiter Ansatz der Begründung politischer Partizipationsrechte vorgestellt, der nicht an die Partizipation der Rechtsgenossinnen und Rechtsgenossen am diskursiven Rechtsetzungsprozess anknüpft, sondern an die Menschenwürde. Der Unterschied zwischen Kirstes Begründung anhand der Menschenwür-

---

[242] *Habermas*, Faktizität und Geltung[4] 153.

de und Habermas' Teilnahme am Diskurs ist, dass die Menschenwürde einer jeden Person allein schon als Mensch zukommen soll.[243] Dieses Kapitel soll zeigen, welche Auswirkungen diese Begründung nach Kirste darauf hat, wem politische Partizipationsrechte zukommen sollen.

Rechtsgenossin oder Rechtsgenosse zu sein setzt bei Habermas voraus, dass die Person eine gewisse Assoziation zum Recht hat.[244] Diese Verbindung zwischen den Rechtsgenossinnen und Rechtsgenossen untereinander, aber auch mit dem Recht wird dadurch sichergestellt, dass sie Staatsbürgerinnen und Staatsbürger sind. Wenn nun aber politische Partizipationsrechte anhand der Menschenwürde begründet werden, dann ist der Kreis der Berechtigten, denen die politischen Partizipationsrechte zukommen, größer, denn die Staatsbürgerschaft ist nun kein Element dieser Begründung mehr.

Einer jeden Person kommen nun politische Partizipationsrechte zu, wenn sie sich in der Position einer Rechtsadressatin oder eines Rechtsadressaten wiederfindet.[245] Also kann man auch behaupten, dass das Partizipationsrecht Wahlrecht einer jeden Person aufgrund ihrer Würde zu gewähren ist. Dies steht eindeutig in einem Spannungsverhältnis zu Habermas, der nur den Staatsbürgerinnen und Staatsbürgern das Wahlrecht gewährt, und somit alle anderen Personen davon ausschließt. Nun muss geklärt werden, ob die Begründung anhand der Menschenwürde dahingehend modifiziert werden

243 *Kirste* in Reinau/Ungern-Sternberg, Politische Partizipation, 309 (326).
244 *Habermas*, Faktizität und Geltung[4] 141.
245 *Kirste* in Reinau/Ungern-Sternberg, Politische Partizipation, 309 (327).

kann, dass eine Beschränkung des Wahlrechts auf die Staatsbürgerinnen und Staatsbürger gerechtfertigt ist.

Die Begründung anhand der Menschenwürde könnte eine Einschränkung auf die Staatsbürgerinnen und Staatsbürger, wie sie Habermas vorsieht, zulassen. Das würde zeigen, dass auch die Begründung anhand der Menschenwürde kein Argument dafür ist, das Wahlrecht auf Personen ohne Staatsbürgerschaft auszudehnen.

Nach Kirste sichern die politischen Partizipationsrechte die demokratische Mitwirkung. Nicht nur das Wahlrecht, sondern auch die Meinungsfreiheit oder die Versammlungsfreiheit zählen zu diesen Rechten.[246] Die nächsten Unterkapitel sollen zeigen, welche Möglichkeiten es gibt, eine solche Beschränkung des Wahlrechts auf Personen mit Staatsbürgerschaft zu rechtfertigen und ob eine solche Beschränkung Einwänden standhält.

7.3.1 Beschränkung des Wahlrechts – Die Betroffenheit von Entscheidungen

Der erste Versuch die Beschränkung des Wahlrechts zu rechtfertigen, beruht darauf, dass sich die Staatsbürgerinnen und Staatsbürger, verglichen mit Personen ohne Staatsbürgerschaft, in einer anderen Situation befinden. Daher ist eine Ungleichbehandlung in Bezug auf das Wahlrecht gerechtfertigt, weil sonst Ungleiches gleich behandelt werden würde. Das Argument der Betroffenheit wird in der Literatur dazu verwendet, zu zeigen, dass sowohl Personen ohne Staatsbürgerschaft als auch mit Staatsbürgerschaft gleich betrof-

---

[246] *Kirste* in Reinau/Ungern-Sternberg, Politische Partizipation, 309 (322).

fen sind und daher gleiche Rechte verliehen bekommen sollen. Es gibt verschiedene Varianten, wie das Argument der finanziellen Leistungen, der grundlegenden Eingriffe in die Lebensführung und der Unterwerfung unter die Staatsgewalt.[247] Auch wenn diese Argumente zeigten, dass Personen mit und Personen ohne Staatsbürgerschaft hinsichtlich der Unterwerfung unter die Staatsgewalt oder ihrer finanziellen Leistungen sich in einer gleichen Situation befinden, gibt es dennoch Argumente, die zeigen, dass sie hinsichtlich der Betroffenheit verschieden sind.

Die einzelnen Personen müssen nach Kirste immer als Rechtssubjekte behandelt werden, die mitbestimmen dürfen, wenn es um die Begründung ihrer Rechte und Pflichten geht. Sie dürfen nicht zu Rechtsobjekten werden, über die bestimmt wird. Politische Partizipationsrechte können das sicherstellen.[248] Solange also sichergestellt wird, dass die Personen als Adressatinnen und Adressaten des Rechts ausreichend an der Begründung der an sie gerichteten Pflichten und der ihnen gewährten Rechte partizipieren können, ist die Menschenwürde dieser Personen nicht verletzt. Zwar ist das Wahlrecht nach Kirste ein zentrales Partizipationsrecht, jedoch ist das nicht das einzige politische Partizipationsrecht. Die Meinungsfreiheit oder Versammlungsfreiheit, aber auch das Recht Vereine zu bilden, zählen, wie bereits erwähnt wurde, zu diesen Rechten.[249]

---

[247] *Dormal*, Wählen ohne Staatsbürgerschaft? Das Ausländerwahlrecht in der demokratietheoretischen Diskussion, Politische Vierteljahresschrift 2016, 378 (382).
[248] *Kirste* in Reinau/Ungern-Sternberg, Politische Partizipation, 309 (326).
[249] *Kirste* in Reinau/Ungern-Sternberg, Politische Partizipation, 309 (322).

Es kann an dieser Stelle das Argument der Begrenzung der Teilnehmerinnen und Teilnehmer des Diskurses, das Benhabib entwickelte, analog auf die Begründung anhand der Menschenwürde nach Kirste übertragen werden. Eine analoge Verwendung ist nötig, da Kirste die Partizipationsrechte nicht anhand eines diskursiven Rechtsetzungsprozesses begründet und Benhabibs Argument sich auf eine diskursethische Begründung bezieht.[250]

Wenn nun einer Person alle diese Partizipationsrechte gewährt werden, aber das Wahlrecht als einziges Partizipationsrecht vorenthalten wird, dann ist Partizipation möglich, die aber auf die gewährten Rechte eingeschränkt ist. Eine Person kann auf die Politik und die Gesetzgebung Einfluss nehmen und partizipieren, indem sie von ihrer Meinungsfreiheit oder Versammlungsfreiheit Gebrauch macht. Ihr das Wahlrecht zu gewähren ist nicht nötig. Somit können sie an der Begründung von Rechten und Pflichten, deren Adressatinnen und Adressaten sie sind, zu einem gewissen Grad partizipieren. Daraus folgt, dass sie nicht zu bloßen Rechtsobjekten werden, über die bestimmt wird. Sie können an der Begründung ihrer Rechte und Pflichten partizipieren und sind so Rechtssubjekte.[251] Daher ist ihre Menschenwürde nicht verletzt.[252]

---

[250] *Biskamp* in Grünendahl et al., Studien zur Migrations- und Integrationspolitik, 73 (91).
[251] *Biskamp* in Grünendahl et al., Studien zur Migrations- und Integrationspolitik, 73 (91).
[252] *Kirste* in Reinau/Ungern-Sternberg, Politische Partizipation, 309 (326).

Dies könnte man aber trotzdem weiterhin als Verletzung der Menschenwürde verstehen. Zwar würde eine Person in ihrer Würde verletzt, wenn ihr sämtliche politische Partizipationsrechte vorenthalten würden, ihr aber auch nur ein einziges Partizipationsrecht vorzuenthalten, stellt genauso eine Verletzung ihrer Würde dar. Eine solche Beschränkung hinsichtlich eines einzigen Partizipationsrechts kann aber sachlich möglicherweise gerechtfertigt werden, wenn es sich nur um das Wahlrecht handelt, weil Partizipation nicht unmöglich gemacht, sondern bloß eingeschränkt wird. Eine solche sachliche Rechtfertigung ist im Gegensatz dazu nicht oder nur schwer zu begründen, wenn es darum geht, dass alle Partizipationsrechte einer Person vorenthalten würden. Eine solche gerechtfertigte Beschränkung setzt einen sachlichen Grund voraus. Im Folgenden sollen dafür Argumente gefunden werden, die eine solche Beschränkung rechtfertigen könnten.

Die Staatsbürgerschaft verbindet die Staatsbürgerin und den Staatsbürger mit dem Staat. Die Verbindung erschöpft sich nicht darin, dass die Staatsbürgerin oder der Staatsbürger im betreffenden Staat wohnt. Auch Personen ohne Staatsbürgerschaft können einen Wohnsitz im Sinne des Mittelpunktes ihrer Lebensinteressen in einem Staat begründen.[253] Wie in Kapitel 4 ausgeführt wurde, ist ein solcher sogar nötig, wenn man die Staatsbürgerschaft aufgrund von Verleihung erwerben möchte.[254]

---

[253] *Rupp*, Wahlrecht für Ausländer? Zeitschrift für Rechtspolitik 1989, 363 (365).
[254] *Bachmann* et al. (Hrsg), Besonderes Verwaltungsrecht[12] 214.

Falls die Wahlberechtigten nun Parteien oder Personen wählen, deren politische Entscheidungen zwar durch die Wahl demokratisch legitimiert sind, aber die den Wahlberechtigten schaden, dann können sich die Staatsbürgerinnen und Staatsbürger den Folgen dieser Entscheidungen nicht entziehen. Wahlberechtigte Personen ohne Staatsbürgerschaft des betreffen Staates konnten zwar an der Entscheidung voll und ganz wie die Staatsbürgerinnen und Staatsbürger partizipieren, indem sie ihre Stimme abgaben und an der Rechtsetzung teilnahmen, aber sie können sich den negativen Folgen der Entscheidungen der politischen Entscheidungsträger leichter entziehen, indem sie den Staat verlassen und in den Staat zurückkehren, dessen Staatsbürgerschaft sie besitzen.[255] Personen mit Staatsbürgerschaft und Personen ohne Staatsbürgerschaft würden ungerechtfertigterweise gleich behandelt werden, obwohl sie sich in ungleichen Situationen befinden. Beide könnten mitbestimmen, aber nur die Personengruppe der Staatsbürgerinnen und Staatsbürger kann sich den negativen Konsequenzen nicht entziehen, wenn die gewählten Personen solche Entscheidungen treffen.

Mit anderen Worten: Die Staatsbürgerinnen und Staatsbürger gehören zum Adressatenkreis des Rechts und können sich diesem nicht entziehen, während Personen ohne Staatsbürgerschaft sich dem Adressatenkreis des Rechts sehr wohl entziehen können. Personen ohne Staatsbürgerschaft des betreffenden Staates können ihre von der Rechtsordnung auferlegten Pflichten ablegen, indem sie das Land verlassen. Neben dieser „Exit-Option“ besteht auch noch die „Voice-Option“. Diese besteht darin an Verfahren der Rechtsetzung

[255] *Rupp*, Zeitschrift für Rechtspolitik 1989, 363 (365).

teilzunehmen, in denen ihnen Rechte gewährt oder Pflichten auferlegt werden. Durch die Partizipation in solchen Verfahren können Personen ohne Staatsbürgerschaft auch ihre Pflichten ändern oder ablegen. Diese im vorherigen Absatz skizzierte Ungleichbehandlung kann nur dadurch beseitigt werden, indem das Wahlrecht an die Staatsbürgerschaft geknüpft wird. Nur auf diese Weise kann sichergestellt werden, dass nur tatsächlich von den Pflichten betroffenen Personen auch daran mitwirken konnten, wie diese Pflichten begründet wurden.

Ein Zwischenfazit fällt folgendermaßen aus: Andere Partizipationsrechte, abgesehen vom Wahlrecht, wie die Meinungsfreiheit, können und werden Personen ohne Staatsbürgerschaft gewährt. Personen ohne Staatsbürgerschaft können an der Begründung von Rechten und Pflichten partizipieren, auch wenn es nicht mittels des Wahlrechts geschieht. Sie werden also nicht zu bloßen Rechtsobjekten, sondern sind Rechtssubjekte, die Trägerinnen und Träger der Rechte und Pflichten sind. Man kann hier auch von verschiedenen Stufen der Partizipation sprechen, die alle die Menschenwürde einer Person nicht verletzen.[256]

Dagegen kann aber folgendes eingewendet werden: Zwar können Personen mit der Staatsbürgerschaft eines anderen Staates leichter den anderen Staat, in dem sie sich aufhalten, verlassen und in den Staat zurückkehren, dessen Staatsbürgerschaft sie besitzen, jedoch sind die Staatsbürgerinnen und Staatsbürger eines Staates nicht da-

---

[256] *Biskamp* in Grünendahl et al., Studien zur Migrations- und Integrationspolitik, 73 (91).

ran gehindert, ihren Heimatstaat auch zu verlassen, wie es Personen mit anderer Staatsbürgerschaft tun können. Staatsbürgerinnen und Staatsbürger können sich damit den Pflichten entziehen, die ihnen durch das Recht auferlegt würden.[257] Wie in Kapitel 4.6 gezeigt wurde, können Staatsbürgerinnen und Staatsbürger Österreichs sogar ihre Staatsbürgerschaft zurücklegen[258] und damit ihre Rechte und Pflichten zu ihrem Heimatstaat kappen. Sie befinden sich also in einer vergleichbaren Lage wie Personen ohne Staatsbürgerschaft, wenn es darum geht den Staat verlassen zu können, um den negativen Folgen einer schlechten Wahlentscheidung entfliehen zu können.

Die Ungleichbehandlung hinsichtlich des Wahlrechts kann also nicht damit gerechtfertigt werden, dass Personen ohne Staatsbürgerschaft sich ihren Pflichten, die ihnen durch das Recht auferlegt werden, entziehen können, während Staatsbürgerinnen und Staatsbürger dies nicht tun könnten. Staatsbürgerinnen und Staatsbürger können den Staat auch verlassen, wenn sie mit den negativen Folgen eines schlechten Wahlergebnisses konfrontiert sind. Das Wahlrecht soll also nicht nur Personen mit Staatsbürgerschaft gewährt werden, sondern auch Personen ohne Staatsbürgerschaft.

Jedoch ist dem folgendes zu entgegnen: Staatsbürgerinnen und Staatsbürger können das betreffende Land genauso verlassen wie Personen ohne Staatsbürgerschaft. Die Konsequenzen für beide Personengruppen unterscheiden sich aber. Staatsbürgerinnen und

---

[257] *Herdegen*, Völkerrecht[11] § 27 Rz 2.
[258] *Bachmann* et al. (Hrsg), Besonderes Verwaltungsrecht[12] 222.

Staatsbürger des Heimatstaates können nicht ohne Weiteres in einem anderen Staat einen Wohnsitz oder Aufenthalt begründen. Personen mit der Staatsbürgerschaft anderer Staaten können in ihren Heimatstaaten ohne Weiteres einen Wohnsitz begründen und sich rechtmäßig dort aufhalten. Sie müssen nicht erst einen Aufenthaltstitel erwerben, bevor sie sich in ihrem Heimatstaat niederlassen dürfen. Personen ohne Staatsbürgerschaft des Aufnahmestaates müssen erst einen solchen Aufenthaltstitel erwerben, wenn sie sich auf das Staatsgebiet begeben wollen, um sich dort niederzulassen. Diese sind an bestimmte Kriterien geknüpft, die unterschiedlich ausgestaltet sind.[259]

Es scheint fraglich, ob die bloße Tatsache, mit den negativen Folgen einer schlechten Wahlentscheidung unzufrieden zu sein, ausreicht, um einen solchen Aufenthaltstitel erwerben und sich in einem anderen Staat niederlassen zu dürfen. Das Asylrecht sieht zwar die Verpflichtung für Staaten vor, bestimmte Personen aufzunehmen, aber um einen Aufenthaltstitel nach der Genfer Flüchtlingskonvention erhalten zu können, sind mehr als die bloße Unzufriedenheit mit dem Wahlergebnis nötig.[260]

Die Situation von Staatsbürgerinnen und Staatsbürgern hinsichtlich der Betroffenheit negativer Konsequenzen schlechter Wahlentscheidung unterscheidet sich von der Situation von Personen ohne Staatsbürgerschaft, was eine Ungleichbehandlung bei der Verleihung des Wahlrechts rechtfertigt. Die Staatsbürgerinnen und

---

[259] *Herdegen*, Völkerrecht[11] § 27 Rz 2.

[260] *Bachmann* et al. (Hrsg), Besonderes Verwaltungsrecht[12] 193 – 194; *Herdegen*, Völkerrecht[11] § 28 Rz 13.

Staatsbürger können sich den Folgen der Wahlentscheidung schwerer entziehen als Personen ohne Staatsbürgerschaft. Dahinter steht jedoch die Annahme, dass Personen ohne Staatsbürgerschaft in einem anderen Staat auch Aufnahme finden. Eine Einschränkung des politischen Partizipationsrechts ist daher gerechtfertigt. Es ist keine Verletzung der Würde dieser Personen, wenn ihnen das Wahlrecht nicht gewährt wird, denn sie bleiben damit Rechtssubjekte, weil sie partizipieren können, da ihnen andere Partizipationsrechte zustehen.

7.3.2 Beschränkungen des Wahlrechts – Rechtsmündigkeit und der Sprache

Ein weiteres Argument, das dazu herangezogen werden könnte, eine Ungleichbehandlung zwischen Personen ohne Staatsbürgerschaft und mit Staatsbürgerschaft zu rechtfertigen, ist das Argument, dass das Wahlrecht voraussetzt, dass eine Person die Tragweite ihrer Entscheidung verstehen und abschätzen können muss.

Ähnlich wie bei den Grundrechten kann auch beim Wahlrecht zwischen der Rechtsfähigkeit und der Rechtsmündigkeit unterschieden werden, die auf das politische Partizipationsrecht Wahlrecht übertragen werden kann. Es geht also um die Unterscheidung zwischen der Trägerschaft des Wahlrechts und der Fähigkeit durch selbstständiges Handeln vom Wahlrecht Gebrauch machen zu können.[261]

---

[261] *Berka*, Verfassungsrecht[4] Rz 1231; *Öhlinger/Eberhard*, Verfassungsrecht[12] Rz 703.

Nun kann die Behauptung aufgestellt werden, dass nur die Staatsbürgerinnen und Staatsbürger durch ihr Handeln, das Abgeben der Stimme, vom Wahlrecht Gebrauch machen sollen, weil nur diese die Tragweite der Entscheidung abschätzen und verstehen können. Es ist aber fraglich, warum nur Staatsbürgerinnen und Staatsbürger die Tragweite verstehen können und so rechtsmündig in Bezug auf das Wahlrecht sind. Es ist nicht ersichtlich, warum Personen ohne Staatsbürgerschaft nicht die Folgen einer Wahlentscheidung abschätzen und verstehen sollten.

Das Argument, dass nur Personen mit Staatsbürgerschaft sich eine entsprechende Meinung bilden können, auf deren Grundlage sie ihre Wahlentscheidung treffen können, ist nicht überzeugend. Wenn einer Person alle politischen Partizipationsrechte gewährt werden würden, aber nur das Wahlrecht vorenthalten bliebe, dann könnte sich diese Person genauso gut eine begründete Meinung bilden wie die Staatsbürgerin oder der Staatsbürger, denen auch das Wahlrecht gewährt wird. Es wäre ein Wertungswiderspruch, das Wahlrecht der einen Gruppe vorzuenthalten, aber der anderen Gruppe zu gewähren, denn beiden kommt Rechtsmündigkeit in Bezug auf das Wahlrecht zu. Daher kann das Argument, dass sich nur die Staatsbürgerinnen und Staatsbürger eine begründete politische Meinung bilden können und ihnen daher das Wahlrecht zukommen soll, diese Ungleichbehandlung nicht rechtfertigen.

Ein weiteres Argument, das vorgebracht werden könnte, ist, dass eine Teilnahme am Diskurs der Rechtsetzung bzw. der Begründung des Rechts voraussetzt, dass die beteiligten Personen eine gemeinsame Sprache sprechen. Es muss sich zwar nicht notwendigerweise um eine gemeinsame Muttersprache handeln, es reicht schon eine Verkehrssprache, die neben der Muttersprache gesprochen werden kann. Nur so kann sichergestellt werden, dass die betreffenden Personen auch tatsächlich miteinander in Kontakt treten, sich austauschen und eine Meinung bilden können. Ohne eine gemeinsame Sprache würden sämtliche politischen Partizipationsrechte nicht so genutzt werden können, dass diese Rechte alle Personen einbinden. Damit könnte in weiterer Folge nicht sichergestellt werden, dass die von Rechten begünstigten und von Pflichten betroffenen Personen auch an der Begründung dieser mitwirken konnten.

Um die Staatsbürgerschaft kraft Verleihung in der österreichischen Rechtsordnung zu erwerben, ist die deutsche Sprache eine Voraussetzung (siehe Kapitel 4.3.3).[262] Der Erwerb durch Verleihung der Staatsbürgerschaft stellt also sicher, dass die Personen, die zu Staatsbürgerinnen und Staatsbürgern werden, Deutsch sprechen. Das ist die Amtssprache gem. Art.8 Abs.1 B-VG[263] und Muttersprache der meisten Einwohnerinnen und Einwohner der Republik Österreich. Das ist ein Beispiel dafür, dass die Rechtsordnung Österreichs Sprache und Staatsbürgerschaft verbindet. Damit ist gesichert, dass die Wahlberechtigten, die Staatsbürgerinnen und Staatsbürger, auch eine gemeinsame Sprache sprechen und so ihre

---

[262] *Bachmann* et al. (Hrsg), Besonderes Verwaltungsrecht[12] 216.
[263] *Muzak*, B-VG[6] Art 8 Rz 1.

politischen Partizipationsrechte nutzen können, die ihnen eine Meinungsbildung ermöglichen.

Dem ist insoweit zuzustimmen, als dass eine jede Staatsbürgerin und ein jeder Staatsbürger die Sprache des betreffenden Staates, in diesem Fall Österreich, sprechen können sollte, auch wenn es sich nicht um deren Muttersprache handelt. Die Staatsbürgerschaft, wenn sie durch Verleihung erworben wird, ist ein taugliches Mittel das sicherzustellen. Jedoch muss dabei beachtet werden, dass es auch Personen geben kann, die zwar nicht die Staatsbürgerschaft besitzen, aber trotzdem die Landessprache (in diesem Fall Deutsch) beherrschen. Man muss nicht die Staatsbürgerschaft eines Staates erwerben, um die Landes- oder Amtssprache sprechen zu können.

Die Staatsbürgerschaft ist keine notwendige Voraussetzung dafür sicherzustellen, dass eine Person die Landessprache ausreichend beherrscht. Der Erwerb durch Abstammung und Legitimation macht ausreichende Kenntnisse der deutschen Sprache nicht zur Voraussetzung des Erwerbs der Staatsbürgerschaft (siehe Kapitel 4.1 und 4.2). Das Argument kann damit auch von einer anderen Seite in die Diskussion eingebracht werden, denn nicht einmal jede Staatsbürgerin und jeder Staatsbürger beherrschen notwendigerweise die Landessprache ausreichend.

Der Kreis der Wahlberechtigten wäre mit einer solchen Unterscheidung zu eng, aber auch zu weit gezogen, wenn nur die Staatsbürgerschaft herangezogen wird. Es gibt Personen mit Staatsbürgerschaft, die nicht die Landessprache sprechen, während es Personen ohne Staatsbürgerschaft gibt, die die Landessprache beherrschen.

Das Argument, dass die Staatsbürgerschaft für das Wahlrecht notwendig ist, um die gemeinsame Sprache als Mittel der politischen Kommunikation sicherzustellen, ist nicht überzeugend. Der Kreis der Wahlberechtigten wäre damit zu eng und zu weit gezogen. Auch überzeugt nicht, dass Personen ohne Staatsbürgerschaft sich keine politische Meinung bilden könnten, die für die Ausübung des Wahlrechts notwendig ist. Denn auch diesen Personen können politische Partizipationsrechte gewährt werden, die es ihnen möglich machen sich eine Meinung zu bilden. Zwar kann damit eine Beschränkung des Wahlrechts auf Staatsbürgerinnen und Staatsbürger nicht gerechtfertigt werden, jedoch überzeugt das Argument der Betroffenheit, da die Staatsbürgerinnen und Staatsbürger von den Entscheidungen betroffener sind als Personen ohne Staatsbürgerschaft.

Zusammengefasst spricht Habermas sich dagegen aus, das Wahlrecht auch auf Personen ohne Staatsbürgerschaft auszudehnen, weil nur die Rechtsgenossinnen und Rechtsgenossen mittels des Wahlrechts partizipieren sollen, die den Staatsbürgerinnen und Staatsbürgern entsprechen.[264] Personen ohne Staatsbürgerschaft können mittels anderer Partizipationsrechte am Diskurs teilnehmen,

---

[264] *Habermas*, Faktizität und Geltung[4] 141.

was die Selbstgesetzgebung nicht verletzt.[265] Kirstes Begründung anhand der Menschenwürde legt nahe, dass allen Personen politische Partizipationsrechte zukommen sollen, da allen Personen die Menschenwürde zukommt.[266] Aber eine Beschränkung des Wahlrechts ist auch nach dieser Begründung politischer Partizipationsrechte möglich. Die Menschenwürde besteht darin, nicht zum Rechtsobjekt zu werden, sondern als Rechtssubjekt an der Begründung des Rechts partizipieren zu können. Zwar überzeugt eine Beschränkung des Wahlrechts auf Staatsbürgerinnen und Staatsbürger aufgrund der Sprache oder Rechtsmündigkeit nicht, jedoch spricht die Betroffenheit der Staatsbürgerinnen und Staatsbürger dafür, das Wahlrecht Personen ohne Staatsbürgerschaft vorzuenthalten.[267] Das macht Personen ohne Wahlrecht nicht zu Rechtsobjekten und verletzt daher ihre Würde nicht.

8. Philosophische Konzepte von Staatsbürgerschaft

Nachdem im vorherigen Kapitel festgestellt wurde, dass es sich beim politischen Partizipationsrecht Wahlrecht auch aus einer rechtsphilosophischen Betrachtung heraus um ein Staatsbürgerrecht handelt, muss nun erörtert werden, welches philosophische Konzept von Staatsbürgerschaft am überzeugendsten ist.

[265] *Biskamp* in Grünendahl et al., Studien zur Migrations- und Integrationspolitik, 73 (91).
[266] *Kirste* in Reinau/Ungern-Sternberg, Politische Partizipation, 309 (326).
[267] *Rupp*, Zeitschrift für Rechtspolitik 1989, 363 (365).

Zuerst wird eine historische Betrachtung vorgenommen, um Begriffe zu klären. Danach werden zwei Ansätze von Staatsbürgerschaft vorgestellt werden: ein individualistischer und ein kommunitaristischer, die sich beide auf Staatsbürgerschaft als Status einer Bürgerin oder eines Bürgers umschrieben durch politische Partizipationsrechte beziehen und nicht auf die Nationalität einer Person.[268] Die jeweiligen Auffassungen werden diskutiert. Es wird sich zeigen, dass der kommunitaristische Ansatz geeigneter ist, denn laut ihm ist politische Partizipation ein Selbstzweck.[269] Die geltende Rechtslage wird mit beiden Ansätzen verglichen werden und es wird ein Urteil darüber abgegeben, welchem Konzept von Staatsbürgerschaft die Staatsbürgerschaft nach österreichischem Recht entspricht.

Historisch betrachtet konnten sich vormoderne Formen eines viele Völker vereinigenden Imperiums nicht durchsetzen. Mit dem Ende des ersten Weltkrieges fanden sie ihr Ende.[270] Zentral verwaltete Territorialstaaten erlangten mit dem Beginn der Neuzeit im Gegensatz dazu strukturbildende Kraft in Europa. Durch die Demokratisierung dieses Staatswesens nach dem Vorbild der französischen Revolution entstanden auf dieses Weise Nationalstaaten. Der Nationalstaat schuf aber auch eine ethnische und kulturelle Homogenität.[271]

---

268 *Grawert*, Staatsangehörigkeit und Staatsbürgerschaft, Der Staat 1984, 179 (182 – 183); *Habermas*, Faktizität und Geltung^4 640.
269 *Habermas*, Faktizität und Geltung^4 641.
270 *Lepsius*, Interessen, Ideen und Institutionen (1990) 258.
271 *Habermas*, Faktizität und Geltung^4 634.

Während der Begriff natio (Nation) in der Antike noch eine Abstammungsgemeinschaft meinte, meinte der Begriff civitas eine Organisationsgemeinschaft. Der natio fehlt also noch die Organisation, die eine civitas bereits hat, jedoch haben die Mitglieder der natio eine Verbindung in Form von Kultur, Sitte, Sprache und Überlieferung. Während sich dieser Gebrauch der Begriffe bis ins Mittelalter hielt, änderte sich dieser in der Neuzeit: Die Nation ist nicht mehr nur eine Abstammungsgemeinschaft, sondern auch Trägerin der Souveränität. Die Stände, die noch auf das Mittelalter zurückgehen, repräsentieren nun das Staatsvolk gegenüber dem König, dem Souverän, und werden mit der französischen Revolution als Staatsvolk zum Träger der Souveränität an Stelle der Monarchin oder des Monarchen.[272] Der Nation soll nun das Recht auf politische Selbstbestimmung zustehen. An die Stelle des ethnischen Zusammenhanges tritt nun die demokratische Willensgemeinschaft, wenn von Nation gesprochen wird.[273]

Diese Nation von Staatsbürgerinnen und Staatsbürgern nimmt ihre Identität nicht aus einer ethnisch-kulturellen Gemeinschaft, sondern aus einer Praxis von Bürgerinnen und Bürgern, die ihre demokratischen Partizipations- und Kommunikationsrechte aktiv ausüben. Nationale Identität im Sinne von ethnisch-kultureller Gemeinschaft ist nicht deckungsgleich mit Staatsbürgerschaft.[274] Der philosophische Begriff der Staatsbürgerschaft entwickelte sich aus dem Begriff der Selbstbestimmung bei Rousseau.[275] Rousseau selbst schreibt dar-

---

[272] *Habermas*, Faktizität und Geltung[4] 634 – 635.
[273] *Habermas*, Faktizität und Geltung[4] 635 – 636.
[274] *Habermas*, Faktizität und Geltung[4] 636 – 637.
[275] *Habermas*, Faktizität und Geltung[4] 637 – 638.

über, dass sich die Menschen freiwillig zusammenschließen, um eine Gesellschaft zu begründen. Damit entsteht ein Gesellschaftsvertrag.[276] Dieser setzt ein bestimmtes Verfahren als Konsens fest, was sich zu einer Verfassung ausdifferenzierte. Damit ist die Selbstgesetzgebung gemeint und nicht eine Umkehrung der Fürstensouveränität.[277] Die Staatsbürgerinnen und Staatsbürger finden sich in einer doppelten Rolle wieder: als Trägerinnen und Träger der Souveränität, aber auch als dessen Unterworfene.[278]

Auch in der juristischen Sprache wandelte sich die Bedeutung des Begriffes. Während er anfangs auch die Zugehörigkeit zu einem Staat oder einer Nationalität, die durch ethnische und kulturelle Merkmale umschrieben ist, meinte, handelt es sich bei der Staatsbürgerschaft nun zusätzlich zu dieser Zugehörigkeit um einen durch Bürgerrechte umschriebenen Bürgerstatus. Diese Entwicklung, Staatsbürgerschaft als kulturell-ethnische Gemeinschaft aber auch als Bürgerstatus, verlief parallel zueinander. Fest steht, dass beide Deutungen der Staatsbürgerschaft damit gemeint sind: auf der einen Seite die Zugehörigkeit zu einer Gemeinschaft, auf der anderen Seite der durch Rechte umschriebene Status.[279]

---

[276] *Rousseau*, Du contrat social ou Principes du droit politique, Buch 1 Kapitel 6, übersetzt von Brockard, in Brockard (Hrsg), Vom Gesellschaftsvertrag oder Grundsätze des Staatsrechts, 16 – 17.

[277] *Habermas*, Faktizität und Geltung[4] 637 – 638.

[278] *Kersting*, Vom Vertragsstaat zur Tugendrepublik Die politische Philosophie Jean-Jacque Rousseaus, in Kersting (Hrsg), Die Republik der Tugend Jean-Jacques Rousseaus Staatsverständnis (2003) 11 (17 – 18); *Rousseau*, Du contrat social ou Principes du droit politique, Buch 1 Kapitel 7, 19.

[279] *Grawert*, Staatsangehörigkeit und Staatsbürgerschaft, Der Staat 1984, 179 (182 – 183).

Teil dieser Bürgerrechte sind politische Partizipationsrechte. Zwei Deutungen bzw. Ansätze dieses Status der aktiven Staatsbürgerschaft entwickelten sich in der Geschichte der Philosophie, auf die in den nächsten Kapiteln eingegangen wird.[280]

8.1 Individualistisch-instrumenteller Ansatz

Auf Locke geht ein individualistisch-instrumenteller Ansatz der aktiven Staatsbürgerschaft, Staatsbürgerschaft als Status von Rechten, ausgehend von einer liberalen Tradition zurück. Die Staatsbürgerschaft folgt dem Muster einer Organisationsmitgliedschaft, die eine Rechtsstellung für die einzelne Person (die Staatsbürgerin und den Staatsbürger) begründet. Die Staatsbürgerinnen und Staatsbürger erbringen gegenüber dem Staat bestimmte Leistungen wie Steuerzahlungen oder üben ihr Wahlrecht aus. Dabei bleiben die Individuen dem Staat gegenüber auf einer gewissen Distanz, denn sie verhalten sich wie Privatpersonen untereinander, die ihre Interessen verfolgen. Der Staat erbringt im Gegenzug gewisse Organisationsleistungen an die Staatsbürgerinnen und Staatsbürger.[281]

Der Staat ist keine res publica, sondern ein privater Zusammenschluss zur Absicherung des oikos der Bürgerinnen und Bürger.[282] Das griechische Wort οἶκος (oikos) hat verschiedene Bedeutungen. Es meint in diesem Zusammenhang das Haus und sonstige Eigen-

---

[280] *Habermas*, Faktizität und Geltung^4 640.
[281] *Habermas*, Faktizität und Geltung^4 640.
[282] *Vasilache*, Unterscheidung – Trennung – Grenze Ein grenzanalytischer Blick auf die Staatstheorie von John Locke, in Salzborn (Hrsg), Der Staat des Liberalismus Die liberale Staatstheorie von John Locke (2010) 185 (195).

tum, das einer Person gehört.[283] Dadurch zeigt sich nicht nur die Bedeutung des Eigentums bei Lockes Verständnis von Staatsbürgerschaft, sondern auch die Distanz zwischen den Einzelnen und dem Staat. Der Staat dient also dem Schutz privater Interessen.[284] Locke schreibt unmissverständlich davon, dass es der Zweck des Staates ist, das Eigentum der Bürgerinnen und Bürger zu erhalten.[285] Die einzelnen Bürgerinnen und Bürger sollen aber auch vor staatlicher Intervention geschützt werden.[286] Einschränkungen des privaten Eigentums zugunsten des Gemeinwohls sind aber zulässig.[287]

Ein Vorzug dieses Ansatzes von Staatsbürgerschaft ist es, dass er das Individuum und dessen Rechte in den Mittelpunkt stellt, weil es von Beginn an um die Begrenzung staatlicher Herrschaft geht. Durch die Distanz zwischen dem Individuum und dem Staat wird dem Individuum ein Raum frei von staatlicher Herrschaft gewährt, in dem sich das Individuum frei entfalten kann. Locke legt in Bezug auf staatliche Herrschaft großen Wert darauf, dass das Eigentum der Bürgerinnen und Bürger geschützt wird. Insbesondere weil er von „Erhaltung des Eigentums" spricht.[288] Die liberale Begrenzung politi-

---

283 *Benseler/Keagi*, Griechisch-deutsches Schulwörterbuch Mit einem alphabetischen Verzeichnis zur Bestimmung seltener und unregelmäßiger Verbformen[15] (1994) 547; *Gemoll/Vretska*, Griechisch-deutsches Schul- und Handwörterbuch[9] (1965) 532; *Gorys*, Wörterbuch Archäologie (1997) 306.

284 *Vasilache* in Salzborn, Der Staat des Liberalismus Die liberale Staatstheorie von John Locke ,185 (195).

285 *Locke*, The Second Treatise of Government, Buch IX Kapitel 123, übersetzt von Tidow, in Mayer-Tasch (Hrsg), Über die Regierung (1974), 96; *Pfetsch*, Theoretiker der Politik 155.

286 *Habermas*, Die Einbeziehung des Anderen[2] 278.

287 *Locke*, The Second Treatise of Government, Buch I Kapitel 3, in Mayer-Tasch, 4.

288 *Locke*, The Second Treatise of Government, Buch I Kapitel 3, in Mayer-Tasch, 4.

scher Gewalt steht im Mittelpunkt.[289] Dies wird auch dem klassischen Konzept von Grundrechten als Abwehrrechten gerecht, indem ein Freiraum gewährleistet wird, in den vom Staat nicht eingegriffen werden darf.[290] Dazu würden das Recht auf Eigentumsfreiheit, auf Meinungsfreiheit oder das Hausrecht zählen, da sie einen privaten Bereich festlegen, in dem staatliche Gewalt nur unter bestimmten Bedingungen eingreifen darf.[291] Auch passen Anspruchsrechte zu diesem Konzept, die man als Organisationsleistungen des Staates verstehen kann. Hier kann man an funktionierende Institutionen wie Behörden oder Gerichte denken, die dem Individuum ermöglichen, die eigene Rechtsposition zu gestalten. Soziale Grundrechte sind auch solche Anspruchsrechte.[292]

Jedoch kann man diesem Ansatz entgegnen, dass damit politische Partizipation ein bloßes Mittel zum Zweck ist. Es geht nicht darum, den Staat mit seiner Politik um seiner selbst willen zu gestalten, sondern darum, dass einzelne Personen ihre Interessen verfolgen, die durchaus rein privater Natur sein können. Zwar wird durch dieses Konzept vermieden, dass die Staatsbürgerschaft als Status von Rechten zur Zugehörigkeit zu einer Ethnie wird oder die Zugehörigkeit zu einer solchen Ethnie zur Voraussetzung der Verleihung dieses Status macht, jedoch entfremdet das auch die einzelnen Personen vom Staat. Die Trennung von Staatsbürgerschaft und Ethnie ist scharf und eindeutig, was dem Konzept von Staatsbürgerschaft als Bürgerstatus in Form von Rechten entspricht, es verhindert aber ei-

---

289 *Euchner*, John Locke zur Einführung (1996) 78 – 79.
290 *Öhlinger/Eberhard*, Verfassungsrecht[12] Rz 692.
291 *Berka*, Verfassungsrecht[4] Rz 1214.
292 *Berka*, Verfassungsrecht[4] Rz 1213, 1216, 1218.

ne Identifikation mit dem Staat und möglichen Werten, die unabhängig von einer Ethnie oder kulturellen oder sprachlichen Zugehörigkeit begründet werden können.[293]

Wie sich im nächsten Kapitel zeigen wird, ist aber eine solche Verbindung notwendig, um sicherstellen zu können, dass die politischen Partizipationsrechte auch tatsächlich in Anspruch genommen werden.[294]

8.2 Ethisch-kommunitaristischer Ansatz

Nach einer auf Aristoteles zurückgehenden Ansicht besteht die Rolle der Staatsbürgerin und des Staatsbürgers nicht darin, dass sie ihre vorpolitischen Interessen gegenüber dem Staat vertreten. Die Staatsbürgerinnen und Staatsbürger können ihre eigene Identität nur über gemeinsame Überlieferungen und anerkannte politische Institutionen ausbilden. Sie sind also nicht als einzelne aus dem Staatsverband herausgelöste Individuen zu betrachten, sondern sind dem Staatswesen wie die Teile eines Ganzen integriert.[295] Die Staatsbürgerschaft wird durch die kollektive Selbstbestimmungspraxis und nicht durch das geltend machen von privaten Interessen bestimmt. [296] Während die Freiheiten der Staatsbürgerinnen und Staatsbürger im liberalen Ansatz als negative Freiheiten verstanden werden sollen, sind die Freiheiten dieses Konzepts von Staatsbürgerschaft positive Freiheiten in dem Sinne, die die Beteiligung an

---

[293] *Habermas*, Faktizität und Geltung[4] 641.
[294] *Habermas*, Faktizität und Geltung[4] 641 – 642.
[295] *Habermas*, Faktizität und Geltung[4] 640.
[296] *Sisón*, Aristotelian Citizenship and Corporate Citizenship: Who is a Citizen of the Corporate Polis?, Journal of Business Ethics 2011, 3 (3).

einer gemeinsamen Praxis ermöglichen.[297] Dieses Konzept von Staatsbürgerschaft wird auch im Gegensatz zu Lockes liberaler Lesart als republikanisches Konzept bezeichnet.[298]

Herausfordernd ist, dass dieser Ansatz von Staatsbürgerschaft nicht der modernen politischen Praxis entspricht. Die Staatsbürgerinnen und Staatsbürger fühlen sich oft nicht so stark mit dem Staat verbunden, dessen Staatsbürgerinnen und Staatsbürger sie sind. Das ist aber eine Voraussetzung des republikanischen Ansatzes. Gegenüber dem liberalen Ansatz Lockes hat der republikanische Ansatz aber einen entscheidenden Vorzug: Politische Autonomie ist ein Selbstzweck, der nicht allein von einer Person, sondern nur gemeinsam in einer intersubjektiv geteilten Praxis verwirklicht werden kann.[299] Das setzt aber voraus, dass die Staatsbürgerinnen und Staatsbürger auch die politischen Partizipationsrechte tatsächlich in Anspruch nehmen, die ihnen von den verfassungsrechtlich garantierten Institutionen gewährt werden. Die politische Autonomie ist eine Freiheit. Und diese Freiheit ist nur so viel wert, wie die Bürgerinnen und Bürger diese tatsächlich in Anspruch nehmen. Daher ist es auch totalitär zu verlangen, dass die Bürgerinnen und Bürger diese Rechte in Anspruch nehmen müssen, was beispielsweise bei einer Wahlpflicht der Fall wäre. Nichtsdestotrotz sollen die Staatsbürgerinnen und Staatsbürger diese Freiheiten (Partizipationsrechte wie das Wahlrecht) tatsächlich in Anspruch nehmen.[300]

---

[297] *Habermas*, Die Einbeziehung des Anderen[2] 279.
[298] *Habermas*, Faktizität und Geltung[4] 640.
[299] *Habermas*, Die Einbeziehung des Anderen[2] 278; *Habermas*, Faktizität und Geltung[4] 641.
[300] *Habermas*, Faktizität und Geltung[4] 641 – 642.

Es muss also auf eine andere Art sichergestellt werden, dass die Staatsbürgerinnen und Staatsbürger diese politischen Partizipationsrechte auch in Anspruch nehmen, denn sonst drohen diese Rechte wertlos zu werden. Die Lösung dafür ist die Einbettung der einzelnen Person in eine politische Kultur. Die Staatsbürgerinnen und Staatsbürger sollen sich mit der Lebensform fast schon patriotisch identifizieren, wenn man sicherstellen will, dass sie ihre Partizipationsrechte auch in Anspruch nehmen werden.[301] Damit ist aber nicht gemeint, dass die Staatsbürgerinnen und Staatsbürger keinen Subkulturen mit eigenen Werten angehören. Diese dürfen bestehen. Jedoch müssen bestimmte elementare Werte dieser politischen Kultur von den Staatsbürgerinnen und Staatsbürgern gelebt werden. Diese elementaren Werte haben Vorrang gegenüber Werten dieser Subkulturen, wenn es zu einem Konflikt kommen sollte. Bestimmte Elemente dürfen partikularistisch bleiben, das heißt eine jede Subkultur darf diese behalten, während andere Elemente universalistisch werden müssen. Diese universalistischen Elemente gelten für alle Staatsbürgerinnen und Staatsbürger.[302]

An dieser Stelle kann eingewendet werden, dass am Beginn des Abschnittes die Zugehörigkeit zu einer Ethnie oder daraus folgenden Kultur als untaugliches Merkmal für die Begründung der Staatsbürgerschaft als aktiver Status politischer Partizipationsrechte dargestellt wurde. Nun wird mit der politischen Kultur und ihren Elementen ein ähnlicher Begriff eingeführt, der sich nicht vom Begriff der Kultur, die aus der Zugehörigkeit zu einer Ethnie folgt, unterscheidet. Das

[301] *Habermas*, Faktizität und Geltung[4] 642.
[302] *Etzioni*, Citizenship in a communitarian perspective, Ethnicities 2011, 336 (340 – 341).

republikanische Konzept von Staatsbürgerschaft baut also auf der Zugehörigkeit zu einer Ethnie auf und vernachlässigt, dass die Staatsbürgerschaft als aktiver Status von Rechten verstanden werden soll.

Dem ist aber hinzuzufügen, dass diese politische Kultur etwas anderes ist als eine Kultur, die auf der Zugehörigkeit zu einer Ethnie aufbaut. Diese politische Kultur muss sich nicht notwendigerweise aus sprachlichen, ethnischen oder kulturellen Gemeinsamkeiten der Staatsbürgerinnen und Staatsbürger ergeben. Diese politische Kultur unterscheidet sich also von einer auf einer Ethnie beruhenden Kultur. Der geforderte Patriotismus ist kein Patriotismus zu einer Ethnie, sondern ein Patriotismus zu einer Verfassung.[303] Die Staatsbürgerschaft im republikanischen Sinne muss nicht in der nationalen Identität eines Volkes verwurzelt sein.

Die Staatsbürgerinnen und Staatsbürger müssen jedoch in einer gemeinsamen politischen Kultur sozialisiert werden, die neben den verschiedenen kulturellen Lebensformen bestehen kann.[304] Es handelt sich also bei der politischen Kultur um keiner auf einer Ethnie beruhenden Kultur.

Ein weiterer möglicher Einwand, der in ähnlicher Gestalt bereits bei der Begründung politischer Partizipationsrechte (Kapitel 7.3.2) angesprochen wurde, aber auch hier passend ist, ist der Einwand der gemeinsamen Sprache: Eine solche politische Kultur setzt voraus,

---

[303] *Habermas*, Die Einbeziehung des Anderen[2] 262 – 263; Habermas, Faktizität und Geltung[4] 642.
[304] *Habermas*, Faktizität und Geltung[4] 643.

dass die Staatsbürgerinnen und Staatsbürger miteinander kommunizieren können. Voraussetzung dafür ist eine Sprache, die alle Beteiligten beherrschen. Eine solche gemeinsame Sprache ergibt sich daraus, dass die Staatsbürgerinnen und Staatsbürger einen gemeinsamen ethnisch-kulturellen Hintergrund teilen.

Die Staatsbürgerschaft ist zwar als aktiver Status von Rechten zu verstehen, aber sie scheint einen gemeinsamen ethnisch-kulturellen Hintergrund vorauszusetzen, damit diese Rechte überhaupt in Anspruch genommen werden können. Der Bezug der Staatsbürgerschaft zu einer Nation darf nicht vernachlässigt werden, auch wenn man sie als aktiven Bürgerstatus versteht. Das ist aber genau das, was der republikanische Ansatz macht, indem er von einem Patriotismus zu einer politischen Kultur spricht.

Dem ist insoweit zuzustimmen, dass politische Partizipation nur gelingen kann, wenn sich die Beteiligten miteinander so verständigen können, dass sie die Möglichkeit haben, ihre Meinungen auszutauschen, insbesondere wenn man daran denkt, dass es sich bei einem Diskurs nach Habermas um eine Äußerungssituation handelt.[305] Das führt aber nicht notwendigerweise dazu, dass die Beteiligten einen gemeinsamen ethnisch-kulturellen Hintergrund teilen müssen. Als Beispiele kann man die Schweiz oder die Vereinigten Staaten von Amerika nennen. Der Großteil der Bevölkerung der Vereinigten Staaten emigrierte aus anderen Teilen der Welt seit der Gründung des Staates, wobei Personen mit verschiedensten ethnisch-kulturellen Hintergründen sich niederließen. Zwar entwickelte sich

[305] *Habermas*, Legitimationsprobleme im Spätkapitalismus 148.

Englisch zur gemeinsamen Sprache der Einwohnerinnen und Einwohner, aber das wurde nicht dadurch bedingt, dass die Personen alle einen gemeinsamen ethnisch-kulturellen Hintergrund teilten.[306]

In der Schweiz wird zwar keine gemeinsame Sprache von allen Staatsbürgerinnen und Staatsbürgern gesprochen wie in den Vereinigten Staaten, jedoch kann die politische Kultur genauso ihre Wurzeln schlagen, ohne dass ein einziger gemeinsamer ethnisch-kultureller Hintergrund von allen Staatsbürgerinnen und Staatsbürgern geteilt werden muss.[307] In den USA kann man von einem solchen Verfassungspatriotismus sprechen, der über ethnische Grenzen hinweg geht.[308] Man sieht also, dass ein gemeinsamer ethnisch-kultureller Hintergrund keine notwendige Voraussetzung dafür ist, dass sich eine politische Kultur entwickeln kann. Ein Austausch von Meinungen setzt zwar eine funktionierende Kommunikation voraus, aber es gibt andere Möglichkeiten dies sicherzustellen, als einen gemeinsamen ethnischen Hintergrund der Personen zu verlangen.

Als problematisch könnte sich erweisen, dass dieser Ansatz nicht der modernen politischen Praxis entspricht, was Habermas auch zugibt.[309] Ein Vergleich des kommunitaristischen Konzepts im nächsten Kapitel wird aber zeigen, dass ein solcher Ansatz, wenn man ihn als Identifikation mit einer politischen Kultur versteht, dem Konzept der geltenden österreichischen Rechtslage dennoch in vielen Punkten entspricht. Dieser Einwand stellt keine Gefahr für den

[306] *Habermas*, Faktizität und Geltung[4] 642.
[307] *Habermas*, Faktizität und Geltung[4] 642.
[308] *Habermas*, Die Einbeziehung des Anderen[2] 329 – 330.
[309] *Habermas*, Faktizität und Geltung[4] 641.

Ansatz dar, was aber erst später in diesem Kapitel gezeigt werden wird.

Aristoteles spricht davon, dass die Staatsbürgerinnen und Staatsbürger die einzigen sind, denen ein Recht darauf zukommt, an öffentlichen Ämtern teilzuhaben.[310] Auch wenn faktisch andere Personen an den Deliberationen der Öffentlichkeit teilnehmen, haben nur die Staatsbürgerinnen und Staatsbürger ein Recht darauf, an diesen Ämtern teilzuhaben und zu partizipieren.[311] Dies kann als problematisch angesehen werden, wenn man daran denkt, dass auch Personen ohne Staatsbürgerschaft politische Partizipationsrechte im Sinne eines Rechts zukommen sollen. Mittels dieser sollen auch sie am Diskurs teilnehmen können, um das Prinzip der Selbstgesetzgebung zu erfüllen. Das ist nötig, weil eine Beschränkung des Wahlrechts auf Personen mit Staatsbürgerschaft vorgenommen wurde. Die Diskurse der Personen, die öffentliche Ämter innehaben, sollen auch von Personen ohne Staatsbürgerschaft beeinflusst werden können.[312]

Dem kann aber erwidert werden, dass Aristoteles nur von Ämtern spricht, an denen die Staatsbürgerinnen und Staatsbürger teilhaben dürfen.[313] Dies kann man nun in einem engen Sinne interpretieren und als direktes Ausüben dieser Ämter im Staat in Person verstehen. Mit der direkten Ausübung in Person ist gemeint, dass sich ei-

---

[310] *Aristoteles*, Politiká, Buch III Kapitel 1 1275b, übersetzt von Schütrumpf, in Schütrumpf (Hrsg), Politik (2012), 85.
[311] *Sisón*, Journal of Business Ethics 2011, 3 (3).
[312] *Biskamp* in Grünendahl et al., Studien zur Migrations- und Integrationspolitik, 73 (91); *Habermas*, Faktizität und Geltung[4] 626.
[313] *Aristoteles*, Politiká, Buch III Kapitel 1 1275b, 85.

ne Person selbst zu einer Wahl als Kandidatin oder Kandidat stellt (passives Wahlrecht). Dass dieses Recht den Staatsbürgerinnen und Staatsbürgern vorbehalten ist, ist hinsichtlich des Arguments Benhabibs, dass auch Personen ohne Staatsbürgerschaft andere Partizipationsrechte zukommen sollen, [314] unproblematisch. Man kann Personen ohne Staatsbürgerschaft das Recht vorenthalten bei einer Wahl zu kandidieren und ihr passives Wahlrecht auszuüben, aber ihnen andere Partizipationsrechte gewähren. Damit wird man nicht nur dem Argument Benhabibs gerecht, weil politische Partizipationsrechte nicht an die Staatsbürgerschaft geknüpft sind, sondern man wird auch Aristoteles' Konzept gerecht, der nur den Staatsbürgerinnen und Staatsbürgern das Recht zukommen lässt, in öffentlichen Ämtern mittels des Wahlrechts zu partizipieren.

Aristoteles verlangt auch, dass die Bürgerinnen und Bürger von „niederen" Tätigkeiten des Alltags befreit sein müssen, denn nur so steht ihnen ausreichend Freizeit zur Verfügung, um sich um die Belange des Staates zu kümmern.[315] Habermas' Deutung von Staatsbürgerschaft kann aber auch damit in Einklang gebracht werden, denn er spricht davon, dass den Staatsbürgerinnen und Staatsbürgern Grundrechte gewährt werden müssen, die ihnen Lebensbedingungen sichern, die ihnen eine chancengleiche Nutzung der bürgerlichen Rechte ermöglichen. Dieser Standard an Lebensbedingungen ermöglicht es, dass die politischen Partizipationsrechte auch tatsächlich ausgeübt werden können.[316]

---

[314] *Biskamp* in Grünendahl et al., Studien zur Migrations- und Integrationspolitik, 73 (91).
[315] *Sisón*, Journal of Business Ethics 2011, 3 (4).
[316] *Habermas*, Faktizität und Geltung[4] 156 – 157.

Zusammenfassend kann festgestellt werden, dass der liberale Ansatz von Staatsbürgerschaft nach Locke mit Herausforderungen konfrontiert ist. Zwar kann er der klassischen Konzeption von Grundrechten als Abwehrrechten gegenüber dem Staat Rechnung tragen und bietet den Individuen einen Raum für ihre individuelle Entfaltung der Persönlichkeit, jedoch vernachlässigt er dabei die Tatsache, dass politische Autonomie und Partizipation ein Selbstzweck sind. Die Individuen gehen bei diesem Ansatz auf zu große Distanz gegenüber dem Staat. Politische Partizipation wird zu einem bloßen Mittel zum Zweck.[317]

Der republikanische Ansatz ist in dieser Hinsicht überzeugender. Politische Partizipation kann hier als Selbstzweck verstanden werden und die Staatsbürgerinnen und Staatsbürger leben eine politische Kultur, die unabhängig von einer gemeinsamen ethnisch-kulturellen Gemeinschaft ist.[318]

---

[317] *Habermas*, Faktizität und Geltung[4] 640 – 641.
[318] *Habermas*, Faktizität und Geltung[4] 640 – 643.

8.3 Der Ansatz der österreichischen Rechtsordnung – ein Vergleich mit dem kommunitaristischen Ansatz

Nun muss die geltende österreichische Rechtslage in Bezug auf das Staatsbürgerschaftsrecht analysiert werden. Es wird ein Vergleich zwischen dem kommunitaristischen Konzept und dem Konzept der österreichischen Rechtsordnung gezogen. Damit kann gezeigt werden, ob sich diese beiden Konzepte decken. Wenn sie sich decken, dann sprechen keine Argumente dafür, das Wahlrecht auch auf Personen ohne Staatsbürgerschaft in Österreich auszudehnen, denn alle Staatsbürgerinnen und Staatsbürger nach der geltenden Rechtslage sind dies auch nach dem kommunitaristischen Konzept. Falls sich die Konzepte nicht decken, dann ist zu unterscheiden, ob das Konzept des österreichischen Staatsbürgerschaftsrechts weiter ist als das Habermas' oder nicht.

Es wird sich zeigen, dass die Staatsbürgerschaft im juristischen Sinn hinsichtlich des Erwerbs durch Abstammung und Legitimation zu weit gefasst ist, während der Erwerb durch Verleihung dem philosophischen Konzept entspricht.

Den kommunitaristischen Ansatz von Staatsbürgerschaft kennzeichnet, dass politische Partizipation und damit die Selbstbestimmung in einer Demokratie ein Selbstzweck ist, die Staatsbürgerinnen und Staatsbürger eine politische Kultur leben und sich mit dieser Kultur identifizieren. Die politische Kultur stellt sicher, dass die Staatsbürgerinnen und Staatsbürger auch die ihnen zustehenden politischen Partizipationsrechte tatsächlich ausüben.[319] Mit anderen Worten: Die Staatsbürgerschaft muss also sicherstellen können, dass sich die Staatsbürgerinnen und Staatsbürger als Teil einer politischen Kultur verstehen, die ihnen verliehenen politischen Partizipationsrechte aufgrund dieser Zugehörigkeit auch ausüben und diese Selbstbestimmung als Selbstzweck verstehen. Im Umkehrschluss folgt daraus, wie bereits in Kapitel 8.2 ausgeführt, dass es sich nicht um eine Zugehörigkeit zu einer Ethnie handelt.[320] Auch sollen die Staatsbürgerinnen und Staatsbürger nicht auf Distanz zum Staat stehen, indem der Staat als Zusammenschluss bloß den Schutz privater Interessen sichern soll.[321] Die Partizipation soll nicht ein Mittel zum Zweck der Durchsetzung dieser privaten Interessen auf staatlicher Ebene sein.[322]

Nun ist zu erörtern, inwiefern der Ansatz der österreichischen Rechtsordnung sicherstellt, dass sich die Staatsbürgerinnen und Staatsbürger als Teil einer politischen Kultur verstehen und die Ausübung ihrer politischen Partizipationsrechte als Selbstzweck verstehen. Dabei wird darauf eingegangen werden, wie man die österreichische Staatsbürgerschaft erwerben kann und somit zum Kreis der Staatsbürgerinnen und Staatsbürger gehören kann, wobei die verschiedenen Erwerbsarten im Zentrum der Untersuchung stehen werden.

---

319 *Habermas*, Faktizität und Geltung[4] 641 – 642.
320 *Habermas*, Faktizität und Geltung[4] 642.
321 *Euchner*, John Locke zur Einführung 78 – 79; *Habermas*, Faktizität und Geltung[4] 640.
322 *Habermas*, Die Einbeziehung des Anderen[2] 279; *Habermas*, Faktizität und Geltung[4] 640.

8.3.1 Erwerb durch Abstammung

Wie in Kapitel 4.1 dargestellt wurde, werden an den Erwerb der Staatsbürgerschaft durch Abstammung, verglichen mit dem Erwerb durch Verleihung, wenige Voraussetzungen gestellt, nämlich nur eine: entweder muss die Mutter Staatsbürgerin oder der Vater Staatsbürger im Zeitpunkt der Geburt sein. Das Kind, das so die Staatsbürgerschaft erwirbt, muss selbst nichts aktiv dazu beitragen, weil der Erwerb auch ex lege erfolgt.[323] Es ist fraglich, ob das sicherstellen kann, dass sich das Kind als Teil einer politischen Kultur versteht, die sicherstellt, dass politische Partizipation tatsächlich ausgeübt wird und ein Selbstzweck ist. Die bloße Abstammung von Personen, die die Staatsbürgerschaft besitzen, kann das nicht sicherstellen. Dazu müsste man annehmen, dass es sich bei der Zugehörigkeit zu dieser politischen Kultur um etwas handelt, das mit der Geburt vererbt würde, was aber nichtzutreffend ist.

Zwar kann die Abstammungsregel an sich nicht sicherstellen, dass man sich als Teil einer politischen Kultur versteht, denn diese Zugehörigkeit wird nicht vererbt wie genetische Merkmale vererbt werden, jedoch hat ein solcher Erwerb gewisse Konsequenzen, die in weiterer Folge sicherstellen können, dass sich die Person als Teil dieser politischen Kultur versteht. Die Zugehörigkeit zu dieser politischen Kultur kann nicht allein schon durch die Geburt sichergestellt werden. Es ist äußerst fraglich, ob sich ein neugeborenes Kind wegen seines Alters schon zu einer politischen Kultur zugehörig fühlen kann. Eine solche Zugehörigkeit wird erst im Laufe des Lebens er-

---

[323] *Bachmann* et al. (Hrsg), Besonderes Verwaltungsrecht[12] 213.

worben, wenn die Person mit dieser politischen Kultur in einem Land aufwächst und mit dem Alter eine geistige Reife erreicht. Zwar wird einem Kind die Staatsbürgerschaft schon verliehen, bevor es sich überhaupt zu einer politischen Kultur zugehörig fühlt, aber durch das Aufwachsen in einer solchen Kultur fühlt sich das Kind zugehörig, sobald es verstehen kann, was es bedeutet ein Teil dieser politischen Kultur zu sein. Einem Kind schon bloß aufgrund der Geburt die Staatsbürgerschaft zu verleihen stellt also sicher, dass es sich in späteren Lebensjahren mit der politischen Kultur identifizieren kann, denn aufgrund des Status als Staatsbürgerin oder Staatsbürger kann es mit dieser politischen Kultur im Land groß werden.

Dabei ergibt sich aber eine Schwierigkeit, denn damit unterstellt man, dass alle Kinder, die die Staatsbürgerschaft durch Abstammung erwerben, sich auch tatsächlich in Österreich oder einem Land mit ähnlicher politischer Kultur aufhalten, sich hier niedergelassen haben und aufwachsen. Nur so besteht ein ausreichender Kontakt zur politischen Kultur im Land, der eine Zugehörigkeit zu dieser begründen kann. Aber das ist keine Voraussetzung für den Erwerb der österreichischen Staatsbürgerschaft. Das österreichische Staatsbürgerschaftsrecht folgt nicht dem ius soli, sondern dem ius sanguinis. Der Geburtsort oder ein sonstiger Aufenthaltsort sind nicht die entscheidenden Faktoren für den Erwerb der Staatsbürgerschaft. Kinder, die außerhalb des Staatsgebietes geboren wurden und aufwuchsen, erwerben genauso die Staatsbürgerschaft wie Kinder, die auf dem Staatsgebiet Österreichs geboren wurden und aufwuchsen. Auch erwerben Kinder, die auf dem Staatsgebiet Österreichs geboren wurden, nicht allein schon deswegen die Staatsbürgerschaft.[324]

Ein Kind kann die österreichische Staatsbürgerschaft mit der Geburt kraft Abstammung erwerben, ohne dass es jemals einen Fuß auf das Staatsgebiet der Republik Österreich setzt. Wenn es nun in einem Land aufwächst, das eine völlig andere politische Kultur lebt, dann kann es sich niemals mit der politischen Kultur Österreichs identifizieren, wenn es keinen Kontakt zur politischen Kultur in Österreich gibt. Es gibt also österreichische Staatsbürgerinnen und Staatsbürger, die sich nicht als Teil der politischen Kultur fühlen. Das ist nicht nach dem kommunitaristischen Konzept von Staatsbürgerschaft vorgesehen, denn alle Staatsbürgerinnen und Staatsbürger müssen sich als Teil dieser politischen Kultur identifizieren können.[325]

Der Erwerb durch Abstammung stellt also nicht sicher, dass die Personen, die die Staatsbürgerschaft so erwerben, sich als Teil der politischen Kultur verstehen. Das Staatsbürgerschaftsrecht in Bezug auf den Erwerb durch Verleihung müsste dahingehend geändert werden, dass zumindest eine Aufenthalts- und Niederlassungsvoraussetzung dem Erwerb hinzugefügt wird. Mittels dieser kann also sichergestellt werden, dass die Kinder auch tatsächlich in Österreich aufwachsen, die politische Kultur erleben und sich als Teil dieser verstehen können, sobald sie ein gewisses Alter erreicht haben.

---

[324] *Kind* in Ecker/Kind/Kvasina/Peyrl, StbG Kommentar § 7 Rz 9 (2017).
[325] *Habermas*, Faktizität und Geltung^4 641 – 642.

Eine andere Möglichkeit ist es, Personen den Erwerb zu verweigern, wenn sie nicht auf dem Staatsgebiet geboren wurden und ihnen auch die Absicht fehlt, sich auf dem Staatsgebiet Österreichs in absehbarer Zeit niederzulassen. Eine weitere Möglichkeit wäre es, einen Erwerb der Staatsbürgerschaft für Kinder, die in einem Land mit ähnlicher politischer Kultur aufwuchsen, einfacher zu gestalten als für Personen, die sich mit einer politischen Kultur identifizieren, die sich von der österreichischen stärker unterscheidet. Die Voraussetzungen der geltenden Rechtslage sind zu weit und ermöglichen es Personen die Staatsbürgerschaft zu erwerben, obwohl ihnen das nicht gestattet sein soll.

Das zeigt sich in der geltenden Rechtslage: § 24 Abs.1 Satz NRWO spricht eindeutig davon, dass es im Ausland lebende aktiv Wahlberechtigte für die Wahl des Nationalrats geben kann.[326] § 5a Abs.5 BPräsWG sieht eine sinngemäße Regelung für die Bundespräsidentenwahl vor.[327] Art.6 Abs.2 und Art.117 Abs.2 B-VG sehen jedoch ein solches Wohnsitzerfordernis für die Wahl der Landtage, Gemeinderäte und Bürgermeisterinnen und Bürgermeister vor.[328] In Bezug auf die Landesebene und Gemeindeebene ist das Staatsbürgerschaftsrecht bzw. Wahlrecht nicht in dem Sinne zu weit gefasst, dass Personen ein Wahlrecht zukommt, die sich nicht im betreffenden Bundesland oder der betreffenden Gemeinde aufhalten.

---

326 Nationalratswahlordnung 1992 (NRWO), BGBl 471/1992 idF I 32/2018.
327 Bundespräsidentenwahlgesetz 1971 (BPräsWG), BGBl 57/1971 idF I 61/2018.
328 Bundesverfassungsgesetz (B-VG), BGBl 1/1930 idF I 2/2021.

Man kann aber auch kritisieren, dass die Voraussetzungen zu eng sind. Personen, die sich mit der politischen Kultur identifizieren, sich dieser zugehörig fühlen und auf dem Staatsgebiet aufhalten, erwerben deswegen nicht die Staatsbürgerschaft nach österreichischer Rechtslage, sollten aber als Staatsbürgerinnen und Staatsbürger nach dem kommunitaristischen Konzept gelten. Ein denkbarer Fall ist der Folgende: Ein Kind wird auf dem Staatsgebiet der Republik Österreich geboren, erwirbt die Staatsbürgerschaft aber nicht aufgrund von Abstammung, da dessen Eltern nicht die österreichische Staatsbürgerschaft besitzen. Dieses Kind wächst in Österreich auf und versteht sich als erwachsene Person dann als Teil der politischen Kultur Österreichs. Nichtsdestotrotz bleibt dieser Person das Wahlrecht wegen ihrer fehlenden österreichischen Staatsbürgerschaft verwehrt. Dem muss aber hinzugefügt werden, dass einer solchen Person zwar nicht die Staatsbürgerschaft kraft Abstammung zukommt, ein Erwerb aufgrund von Verleihung jedoch durchaus in Frage kommt. Auf dieses Beispiel wird in Kapitel 8.3.3 eingegangen werden, was zeigt, dass solchen Personen doch der Weg zur Staatsbürgerschaft offen steht.

Jedoch besitzen die meisten Einwohnerinnen und Einwohner der Republik Österreich die österreichische Staatsbürgerschaft. Die meisten Personen, die die Staatsbürgerschaft kraft Abstammung erwerben, befinden sich also im Zeitpunkt ihrer Geburt auf dem Staatsgebiet der Republik Österreich. Es haben nämlich mit Stand 1.7.2020 nur zirka 579.000 österreichische Staatsbürgerinnen und

Staatsbürger ihren Hauptwohnsitz nicht in Österreich,[329] während zirka 7.400.000 mit Stand 1.1.2020 ihren Hauptwohnsitz in Österreich haben.[330] Es stimmt zwar, dass es auch Personen geben kann, die kraft Abstammung die Staatsbürgerschaft erwerben, sich aber nie in ihren Leben auf dem Staatsgebiet aufhielten, jedoch trifft das auf die meisten nicht zu. Die meisten Bürgerinnen und Bürger, die kraft Abstammung die Staatsbürgerschaft erwerben, haben durch ihren Aufenthalt und ihre tatsächliche Niederlassung auf dem Staatsgebiet ausreichenden Kontakt zur politischen Kultur. Sie können daher eine Verbindung zu dieser aufbauen und sich damit identifizieren. Der Erwerb durch Abstammung stellt also für die meisten Staatsbürgerinnen und Staatsbürger eine taugliche Voraussetzung dar, um eine ausreichende Verbindung zur politischen Kultur herzustellen, damit sie auch als Staatsbürgerinnen und Staatsbürger nach dem kommunitaristischen Konzept zählen können.

Dem kann jedoch das gleiche Argument entgegnet werden, das am Anfang dieses Kapitels behandelt wurde. Es handelt sich hierbei nicht um etwas, das sich durch die Voraussetzungen, die an den Erwerb der Staatsbürgerschaft durch Abstammung gestellt werden, ergibt, sondern um eine rein zufällige Erscheinung. Um wirklich sicherstellen zu können, dass ein ausreichender Kontakt mit der politischen Kultur und eine Identifikation besteht, ist ein Aufenthalts-

---

[329] *Statistik Austria*, Auslandsösterreicherinnen und Auslandsösterreicher 2020 <https://www.statistik.at/web_de/statistiken/menschen_und_gesellschaft/bevoelkerung/internationale_uebersich/index.html> (5.4.2021).

[330] *Statistik Austria*, Bevölkerung am 1.1.2020 nach detaillierter Staatsangehörigkeit und Bundesland <https://www.statistik.at/web_de/statistiken/menschen_und_gesellschaft/bevoelkerung/bevoelkerungsstruktur/bevoelkerung_nach_staatsangehoerigkeit_geburtsland/index.html> (5.4.2021).

oder Niederlassungserfordernis auch beim Erwerb kraft Abstammung unabdingbar. Das schließt die Personen, die auf dem Staatsgebiet geboren werden und aufwachsen, nicht davon aus, die Staatsbürgerschaft zu erwerben, denn es werden keine unmöglichen Voraussetzungen an sie gestellt. Sie erwerben sogar die Staatsbürgerschaft, wenn diese zusätzliche Voraussetzung an sie gestellt wird. Personen ohne Kontakt und fehlende Identifikation mit der politischen Kultur werden vom Erwerb, zumindest durch Abstammung, ausgeschlossen. Da aber auch ein Erwerb durch Verleihung möglich ist, besteht für die Personen, die weder auf dem Staatsgebiet geboren wurden noch sich hier aufhalten, aber trotzdem die Möglichkeit, die Staatsbürgerschaft zu erwerben, wenn sie sich mit der politischen Kultur identifizieren.

Alles in allem unterscheidet sich der Erwerb der Staatsbürgerschaft durch Abstammung nach der geltenden österreichischen Rechtslage stark vom kommunitaristischen Konzept von Staatsbürgerschaft nach Habermas. Die bloße Abstammung von Staatsbürgerinnen und Staatsbürgern stellt nicht sicher, dass man sich mit der politischen Kultur identifiziert. Erwerbende Personen können sich ihr ganzes Leben in einem anderen Land mit einer vollkommen anderen politischen Kultur aufhalten und dennoch die Staatsbürgerschaft erwerben. Das Argument, dass sich aber die meisten Staatsbürgerinnen und Staatsbürger, die die Staatsbürgerschaft durch Abstammung erwarben, auf dem Staatsgebiet tatsächlich aufhalten, überzeugt nicht. Denn das ist ein bloßer Zufall, der nicht aufgrund der Voraussetzungen des StbG bedingt wird. Die geltende Rechtslage müsste dahingehend geändert werden, dass ein Aufenthalts- oder Niederlassungserfordernis dem Erwerb durch Abstammung hinzugefügt wird.

8.3.2 Erwerb durch Legitimation

Der Erwerb durch Legitimation ist mit ähnlichen Problemen konfrontiert wie der Erwerb durch Abstammung. Die bloße Heirat der Eltern oder der behördliche Akt der Ehelicherklärung stellen wieder nicht sicher, dass sich ein Kind mit der politischen Kultur identifiziert, sobald es ein bestimmtes Alter erreicht. Wieder finden sich keine Anhaltspunkte für ein Aufenthaltserfordernis im StbG, die rechtfertigen würden, dass die Staatsbürgerschaft erworben werden kann.[331] Es kann auf die Ausführungen des vorherigen Kapitels verwiesen werden. Der Erwerb durch Legitimation müsste auch um ein Aufenthalts- und Niederlassungserfordernis ergänzt werden.

8.3.3 Erwerb durch Verleihung – Voraussetzungen

Der Erwerb durch Verleihung unterscheidet sich von den beiden vorher behandelten Erwerbsarten dahingehend, dass er mehrere Voraussetzungen aufstellt und auch Hindernisse für den Erwerb nennt. Es besteht die Möglichkeit, dass die Tatbestandsmerkmale dieser Erwerbsart dem kommunitaristischen Konzept von Staatsbürgerschaft entsprechen, indem sie sicherstellen, dass sich die Personen, die so die Staatsbürgerschaft erwerben, mit der politischen Kultur identifizieren können. Wichtigster Unterschied, der gleich zu Beginn zu nennen ist, ist, dass der Erwerb durch Verlei-

[331] *Bachmann* et al. (Hrsg), Besonderes Verwaltungsrecht[12] 213.

hung nicht ex lege ohne Zutun erfolgt, sondern mittels Bescheid der Behörde. Es ist nötig, dass die Person selbst tätig wird.[332]

Ein weiterer wesentlicher Unterschied zu dem Erwerb durch Abstammung und Legitimation ist das Aufenthaltserfordernis von zehn Jahren nach § 10 Abs.1 Z 1 StbG, wobei fünf Jahre davon eine Niederlassung dahingehend bestanden haben muss, dass ein Wohnsitz in Österreich begründet wurde, eine nicht bloß vorübergehende Erwerbstätigkeit aufgenommen wurde oder der Mittelpunkt der Lebensinteressen sich nun hier befindet.[333] Dieses Erfordernis an sich stellt noch nicht sicher, dass diese Identifikation oder Zugehörigkeit begründet werden kann. Ein Kontakt mit der politischen Kultur ist aber fast unvermeidlich, wenn sich jemand für einen zehnjährigen Zeitraum in Österreich aufhält, wobei für fünf Jahre ein noch engerer Bezug in Form eines Arbeitsplatzes, Wohnsitzes oder eines Lebensmittelpunktes besteht. Wer sich also nicht auf dem Staatsgebiet aufhält oder niedergelassen ist, dem kann die Staatsbürgerschaft nicht verliehen werden. Allein schon, wenn man diese Bestimmung untersucht, kann festgestellt werden, dass der Erwerb durch Verleihung eine gewisse Verbindung zur politischen Kultur verglichen mit den anderen beiden Erwerbsarten durch Abstammung und Legitimation herstellt.

---

[332] *Bachmann* et al. (Hrsg), Besonderes Verwaltungsrecht[12] 213.
[333] *Bachmann* et al. (Hrsg), Besonderes Verwaltungsrecht[12] 214.

Eine Verbindung zur politischen Kultur stellen die beiden Voraussetzungen des § 10a Abs.1 StbG her, die auch eine gewisse Identifikation mit dieser sicherstellen können. Es werden nämlich ausreichende Deutschkenntnisse und Grundkenntnisse der demokratischen Ordnung, daraus ableitbarer Grundprinzipien und geschichtliche Kenntnisse für den Erwerb verlangt.[334] Ausreichende Deutschkenntnisse sichern die Kommunikation der Staatsbürgerinnen und Staatsbürger untereinander. Das ist eine Voraussetzung dafür, dass überhaupt eine Identifikation mit der politischen Kultur entstehen kann, denn eine politische Kultur baut auf Kommunikation auf. Es wird sichergestellt, dass alle Staatsbürgerinnen und Staatsbürger, die aufgrund von Verleihung die Staatsbürgerschaft erwerben, auch Deutsch sprechen. Es muss nicht notwendigerweise sein, dass eine einzige gemeinsame Sprache von allen Staatsbürgerinnen und Staatsbürgern gesprochen wird. Das Beispiel der Schweiz zeigt, dass auch mehrere Sprachen selbst als Muttersprachen von den Bürgerinnen und Bürgern gesprochen werden können. Dies stellt kein Hindernis für Kommunikation dar.[335]

Die Grundkenntnisse der demokratischen Ordnung und daraus ableitbare Grundprinzipien könnten die Grundlagen einer politischen Kultur vermitteln. Hierbei muss nach der geltenden Rechtslage aber zwischen Erwachsenen und Kindern unterschieden werden, die noch schulpflichtig sind.[336] Es muss also die Frage geklärt werden, ob diese Voraussetzung und wie sie zu erbringen ist, sicherstellen kann, dass sich die Staatsbürgerinnen und Staatsbürger, die mittels

[334] *Bachmann* et al. (Hrsg), Besonderes Verwaltungsrecht[12] 216.
[335] *Habermas*, Faktizität und Geltung[4] 642.
[336] *Kind* in Ecker/Kind/Kvasina/Peyrl, StbG Kommentar § 10a Rz 5 (2017).

Verleihung die Staatsbürgerschaft erwerben, auch tatsächlich als Teil der politischen Kultur verstehen. Sie dürfen wieder nicht zu eng oder zu weit sein.

Weil § 10a StbG den Nachweis der ausreichenden Deutschkenntnisse und der Grundkenntnisse der demokratischen Ordnung für noch schulpflichtige Kinder durch ein und dieselbe Nachweismöglichkeit erbracht werden kann, werden beide Voraussetzungen hier behandelt werden. Nach § 10a Abs.3 StbG ist der Besuch einer Schule, unabhängig ob Primar- oder Sekundarschule, für den Nachweis dieser beiden Voraussetzungen ausreichend.[337] Während nach § 10a Abs.3 Z 1 StbG der Besuch der Primarschule an sich ausreicht, muss nach § 10a Abs.3 Z 2 litt a und b StbG beim Besuch der Sekundarschule der Unterrichtgegenstand Deutsch positiv beurteilt werden.[338] Der Unterricht an einer Schule reicht aus, damit ein schulpflichtiges Kind die Sprache Deutsch erlernt. Selbstverständlich muss Deutsch aber auch im Alltag verwendet werden, denn nur durch tatsächliches Verwenden der Sprache kann ein gewisses Sprachniveau erreicht werden. Es ist sichergestellt, dass die Staatsbürgerinnen und Staatsbürger als Teilnehmerinnen und Teilnehmer des Rechtsetzungsdiskurses auch tatsächlich miteinander kommunizieren können. Die erste Voraussetzung erfüllt das Erfordernis des kommunitaristischen Ansatzes.

---

[337] *Kind* in StbG § 10a Rz 44.
[338] Staatsbürgerschaftsgesetz 1985 (StbG), BGBl 311/1985 idF I 146/2020.

Zwar macht das StbG eine positive Beurteilung im Unterrichtsgegenstand nicht zu einer Voraussetzung,[339] aber ein Teil des Gegenstandes Geschichte und Sozialkunde an den Sekundarschulen ist politische Bildung. Wer eine Sekundarschule besucht, muss auch diesen Gegenstand belegen. Man kann diesem Gegenstand unterstellen, dass Grundkenntnisse der demokratischen Ordnung und daraus ableitbarer Grundprinzipien mit dem Gegenstand Geschichte und Sozialkunde vermittelt werden.[340] Nun muss geklärt werden, inwiefern das sicherstellt, dass sich die Schülerinnen und Schüler mit der politischen Kultur identifizieren können. Teil des Unterrichts des Faches politischer Bildung bzw. eines Kombinationsfaches wie z.B. Geschichte und politische Bildung, ist es zu zeigen, wie politische Kultur gelebt wird und was sie ausmacht. Es soll nicht nur die Bereitschaft sich politisch zu beteiligen gefördert werden, sondern auch durch konkrete Beispiele im Unterreicht sichergestellt werden, dass sich die Schülerinnen und Schüler mit anderen Meinungen auseinandersetzen, diese respektieren und ein kritisches Urteilsvermögen entwickeln.[341]

---

339 Staatsbürgerschaftsgesetz 1985 (StbG), BGBl 311/1985 idF I 146/2020.

340 *Bundesministerium für Bildung, Wissenschaft und Forschung*, Politische Bildung in den Schulen – tabellarische Übersicht <https://www.politik-lernen.at/dl/qsmmJKJKoMlKnJqx4KJK/Politische_Bildung_in_den_Schulen_tab__bersicht_Stand_September_2020_pdf> (7.4.2021).

341 *Bundesministerium für Bildung Frauen*, Unterrichtsprinzip politische Bildung Grundsatzerlass 2015 <https://www.politik-lernen.at/dl/optmJKJKoOoOnJqx4LJK/2015_12_pdf> (8.4.2021).

Der reine Unterrichtsgegenstand an sich dient wie beim Erlernen der Sprache nur als Grundlage. Sowohl die Sprache als Mittel der Kommunikation, aber auch die Identifikation mit der politischen Kultur können nur durch das Ausüben der politischen Partizipationsrechte in echten Diskursen des alltäglichen Lebens sichergestellt werden. Es ist ausreichend das Thema in den Schulen interessant zu gestalten, damit die Schülerinnen und Schüler ihren Prozess der Identifizierung selbst beginnen. Der Unterrichtsgegenstand politische Bildung stellt also sicher, dass sich eine Identifikation mit der politischen Kultur entwickelt.

Für Erwachsene gelten andere Regeln, die Deutschkenntnisse und Grundkenntnisse der demokratischen Ordnung zu erbringen. Deutschkenntnisse sind entweder durch Erfüllung des Moduls 2 der Integrationsvereinbarung nachzuweisen, oder es handelt sich bei Deutsch um die Muttersprache der oder des Fremden.[342] Das Erfordernis, dass Deutsch die Muttersprache ist, ist unproblematisch, denn das stellt unzweifelhaft sicher, dass Deutsch ausreichend beherrscht wird. Modul 2 der Integrationsvereinbarung besteht darin Deutschkenntnisse auf dem B1-Niveau zu erwerben.[343] Beide Voraussetzungen stellen also sicher, dass Deutsch als Mittel der Kommunikation ausreichend beherrscht wird.

---

[342] *Kind* in StbG § 10a Rz 34, 36.

[343] *Bachmann* et al. (Hrsg), Besonderes Verwaltungsrecht[12] 216; *Bundesministerium für Arbeit, Bundesministerium für Inneres*, Integrationsvereinbarung <https://www.migration.gv.at/de/leben-und-arbeiten-in-oesterreich/rahmenbedingungen-der-integration/integrationsvereinbarung/> (28.4.2021).

Die Kenntnisse der demokratischen Ordnung können mittels einer Prüfung nachgewiesen werden, wobei deren Inhalt mittels Verordnung festgelegt wird.[344] Diese Verordnung verweist in § 2 Abs.2 auf Anlage A zu dieser Verordnung, die den Prüfungsstoff umgrenzt und bestimmt.[345] Der republikanische Ansatz kennzeichnet sich auch dadurch, dass gemeinsame Überlieferungen einen Teil der Identität der Staatsbürgerinnen und Staatsbürger bilden.[346]

Indem die Verordnung in Anlage A unter Punkt B Grundkenntnisse der Geschichte zum Stoffgebiet hinzufügt, wird diese Verbindung zu den gemeinsamen Überlieferungen sichergestellt. In Punkt A wird das Stoffgebiet in Bezug auf die demokratischen Grundkenntnisse abgegrenzt. Hierbei sind insbesondere die Ziffern 3 und 4 hervorzuheben, denn sie behandeln Österreich als demokratischen Rechtsstaat. Wenn man dies nun mit Absatz 2 des Punkt C in Verbindung setzt, der den Stoff auf die Möglichkeiten politischer Mitbestimmung der einzelnen Staatsbürgerinnen und Staatsbürger festlegt, dann kann man davon ausgehen, dass durch diese Prüfung sichergestellt wird, dass die Staatsbürgerinnen und Staatsbürger, die so die Staatsbürgerschaft erwarben, einen Einblick in die politische Kultur bekommen.

---

[344] *Kind* in StbG § 10a Rz 37.

[345] Verordnung der Bundesministerin für Inneres über die Prüfung zum Nachweis der Grundkenntnisse der demokratischen Ordnung sowie der Geschichte Österreichs und des jeweiligen Bundeslandes (StbP-V), BGBl II 138/2006 idF II 260/2013.

[346] *Habermas*, Faktizität und Geltung[4] 640.

Wieder ist dem hinzuzufügen, wie bei dem Besuch der Schule durch die Schülerinnen und Schüler, dass nur Grundlagen der politischen Kultur vermittelt werden können. Nur indem die Staatsbürgerinnen und Staatsbürger in weiterer Folge von ihren politischen Partizipationsrechten Gebrauch machen und diese im Diskurs auch einsetzen, wird sichergestellt, dass eine ausreichende Identifikation mit der politischen Kultur erreicht wird. Es ist hinreichend, wenn nur Grundlagen politischer Kultur vermittelt werden, auch wenn es damit nicht sofort zu einer vollständigen Identifikation kommt, die eine Voraussetzung für ein kommunitaristisches Konzept von Staatsbürgerschaft ist. Die Identifikation mit einer politischen Kultur ist ein Prozess, an deren Beginn die in der Schule vermittelten Grundlagen stehen. Dieses vermittelte Wissen ist nicht das Ende, sondern der Anfang des Prozesses der Identifikation, der danach von den Personen fortgesetzt werden muss.

Es wird nun noch auf das Beispiel der auf dem Staatsgebiet geborenen Person ohne Staatsbürgerschaft vom Ende des Kapitels 8.3.1 eingegangen werden. Dieser Person ist zwar die Staatsbürgerschaft aufgrund von Abstammung verwehrt, aber ein Erwerb kraft Verleihung kommt durchaus in Frage. Die Person hält sich tatsächlich lange genug, zehn Jahre, dem Staatsgebiet auf und man kann ihr auch unterstellen, dass sie sich hier niedergelassen hat. Sie spricht die Landessprache Deutsch und identifiziert sich mit der politischen Kultur. Wenn man nun auch noch annimmt, dass sie ihren Lebensunterhalt bestreiten kann und keine Hindernisse wie Verurteilungen wegen Straftaten vorliegen, dann kann einer solchen Person die

Staatsbürgerschaft nach § 10 StbG verliehen werden.[347] Sie erwirbt damit das politische Partizipationsrecht Wahlrecht. Einer solchen Person wird also die Möglichkeit eröffnet die österreichische Staatsbürgerschaft zu erwerben. Das österreichische Staatsbürgerschaftsrecht ist in dieser Hinsicht nicht zu eng gefasst.

8.3.4 Erwerb durch Verleihung – Hindernisse

Das Staatsbürgerschaftsrecht stellt nicht nur Voraussetzungen an den Erwerb der Staatsbürgerschaft, sondern nennt auch Hindernisse. Es muss auch untersucht werden, inwiefern die Hindernisse Personen, die sich nicht mit der politischen Kultur identifizieren können, davon abhalten, die Staatsbürgerschaft zu erwerben. Zu diesen Hindernissen zählen, wie in Kapitel 4.3.5 behandelt, Verstöße gegen verschiedene Rechtsvorschriften wie das StGB, FinStrG, FPG, NAG oder andere schwerwiegende Verwaltungsübertretungen, aber auch Naheverhältnisse zu extremistischen Gruppierungen oder eine Gefahr für in Art.8 Abs.2 EMRK genannte öffentliche Interessen.[348]

Diese Rechtsvorschriften und die daran geknüpften Straftatbestände können als Ausdruck der politischen Kultur verstanden werden. Damit würde die politische Kultur durch diese Rechtsnormen abgegrenzt werden und Verstöße gegen diese Rechtsvorschriften können als Verstöße gegen die politische Kultur gewertet werden. Verstöße gegen die politische Kultur schließen eine Identifizierung mit dieser aus, was zeigen würde, dass die Hindernisse Personen, die nicht Staatsbürgerinnen oder Staatsbürger werden sollen, auch tat-

---

[347] *Bachmann* et al. (Hrsg), Besonderes Verwaltungsrecht[12] 213 – 217.
[348] *Bachmann* et al. (Hrsg), Besonderes Verwaltungsrecht[12] 214, 216.

sächlich davon abhalten, die Staatsbürgerschaft zu erlangen. Es ist aber fraglich, ob diese Hindernisse tatsächlich als Ausdruck der politischen Kultur verstanden werden können.

Mit diesen Rechtsvorschriften und der Sanktionierung der Verstöße gegen diese wurden Wertentscheidungen getroffen. Ein Verhalten gesetzlich zu pönalisieren stellt unmissverständlich klar, dass dieses Verhalten nicht erwünscht ist und sanktioniert wird. Die bloße Feststellung, dass sowohl die genannten Rechtsvorschriften als auch die politische Kultur aus Werten bestehen, reicht für sich genommen nicht aus, um begründen zu können, dass Verstöße gegen diese Rechtsvorschriften auch Verstöße gegen die politische Kultur sind. Es kommt nicht auf den Inhalt dieser Rechtsnormen an, sondern auf die Tatsache, dass diese Rechtsnormen in einem diskursiven Rechtsetzungsprozess erzeugt wurden. Statt einem materiellen Kriterium ist ein formelles Kriterium anzuwenden. Ein Teil der politischen Kultur einer Demokratie ist es, dass Entscheidungen unter Anwendung eines Mehrheitsprinzips, das verschieden ausgestaltet sein kann, gefällt werden. Das entspricht auch dem Konzept Habermas'.[349] Auf diese Weise gefällte Entscheidungen haben von den Staatsbürgerinnen und Staatsbürgern respektiert und eingehalten zu werden, auch wenn sie sich im Entscheidungsprozess dagegen aussprachen, jedoch von ihren politischen Partizipationsrechten Gebrauch machen konnten.

---

[349] *Thumfart* in Schaal (Hrsg), Das Staatsverständnis von Jürgen Habermas, 81 (82).

Auf den Rechtsetzungsprozess übertragen bedeutet das das Folgende: Die genannten Rechtsvorschriften wurden in diskursiven Rechtsetzungsprozessen erzeugt, an denen sich die Staatsbürgerinnen und Staatsbürger beteiligen konnten, aber auch Personen ohne Staatsbürgerschaft von den ihnen zustehenden Partizipationsrechten Gebrauch machen konnten. Es handelt sich um Recht, das nicht nur legitime Geltung beanspruchen kann,[350] sondern es handelt sich auch um demokratisch legitimiertes Recht nach Habermas.[351] Wenn nun Personen gegen die erzeugten Rechtsnormen verstoßen und dafür sanktioniert werden, dann zeigt das, dass die Personen nicht die getroffenen Entscheidungen respektieren, obwohl diese legitim und demokratisch sind. Sie verstoßen gegen einen wesentlichen Teil der politischen Kultur einer Demokratie und zeigen damit, dass sie sich nicht mit der politischen Kultur identifizieren. Personen die Staatsbürgerschaft nicht zu verleihen, da sie gegen die genannten Rechtsvorschriften verstoßen haben, stellt sicher, dass Personen, die sich nicht mit der politischen Kultur identifizieren können, auch nicht Staatsbürgerinnen oder Staatsbürger werden können.

Das deckt sich auch mit dem Verständnis von kommunitaristischer Staatsbürgerschaft nach Etzioni. Es handelt sich bei dem Befolgen von Gesetzen um ein universalistisches Element, das alle Staatsbürgerinnen und Staatsbürger teilen, und nicht um ein partikularistisches Element, das einzelne Subkulturen auch ablehnen dürfen. Wer Teil der politischen Kultur sein möchte, hat diesen Prozess der

---

[350] *Habermas*, Faktizität und Geltung[4] 141.
[351] *Habermas*, Faktizität und Geltung[4] 153.

Rechtsetzung und sein Ergebnis zu respektieren. Personen, die gegen geltendes Recht verstoßen, zeigen damit ihre fehlende Identifikation mit der politischen Kultur.[352] Selbstverständlich müssen hier auch Grenzen gezogen werden, denn es wäre absurd zu verlangen, dass auch offensichtlich ungerechte Gesetzte zu befolgen sind. Wie aber in Kapitel 6.2.2 bereits ausgeführt wurde, sind Gerechtigkeitsüberlegungen in den Rechtsbegriff Habermas' einzubeziehen[353] und eine Partizipation von Personen ohne Staatsbürgerschaft ist auch möglich.[354]

Bagatellverstöße gegen die politische Kultur werden von der geltenden Rechtslage ausgeschieden, indem nur von schweren Verwaltungsübertretungen und Verstößen gegen Justizstrafrecht, die nur mit Vorsatz begangen werden und mit Freiheitsstrafe geahndet wurden, gesprochen wird.[355] Diese Überlegungen können sinngemäß auch auf das Hindernis der Nähe zu extremistischen Gruppierungen der Antragstellerin oder des Antragstellers oder der Gefahr für in Art.8 Abs.2 EMRK genannte öffentliche Interessen, die von ihr oder ihm ausgeht, übertragen werden.[356] Die bejahende Einstellung zu Österreich kann sowohl als ein Hindernis aufgefasst werden, wenn sie fehlt, aber auch als eine Voraussetzung.[357] Diese bejahende Einstellung ergibt sich daraus, dass keine Gefahr für die in Art.8 Abs.2 EMKR genannten Interessen wie die öffentliche Ordnung oder

---

[352] *Etzioni*, Ethnicities 2011, 336 (340 – 341).
[353] *Habermas*, Faktizität und Geltung[4] 282 – 283.
[354] *Biskamp* in Grünendahl et al., Studien zur Migrations- und Integrationspolitik, 73 (91).
[355] *Bachmann* et al. (Hrsg), Besonderes Verwaltungsrecht[12] 214, 216.
[356] *Bachmann* et al. (Hrsg), Besonderes Verwaltungsrecht[12] 214 – 215.
[357] *Bachmann* et al. (Hrsg), Besonderes Verwaltungsrecht[12] 214 – 215.

den Schutz der Rechte und Freiheiten anderer besteht, aber auch aus einer Beurteilung des Gesamtverhaltens der oder des Fremden.[358] Wieder gilt, dass mehrmalige schwerwiegende Verstöße gegen Rechtsvorschriften darauf schließen lassen, dass eine Identifikation mit der politischen Kultur nicht besteht und daher die Staatsbürgerschaft nicht zu verleihen ist. Bagatellverstöße gegen die politische Kultur schließen eine Identifikation mit dieser also nicht aus. Daher bilden sie kein Hindernis. Dem wird von der geltenden Rechtslage auch Rechnung getragen.

Der Erwerb durch Verleihung stellt sicher, dass die Personen, die die Staatsbürgerschaft erhalten, sich mit der politischen Kultur identifizieren und somit auch als Staatsbürgerinnen und Staatsbürger im kommunitaristischen Sinne zählen. Das Aufenthalts- und Niederlassungserfordernis stellt einen ausreichenden Kontakt zur politischen Kultur sicher, die ausreichenden Deutschkenntnisse dienen der Kommunikation, die Vermittlung von Grundkenntnissen der demokratischen Ordnung erreicht, dass sich die Staatsbürgerinnen und Staatsbürger zumindest in Grundzügen mit der politischen Kultur identifizieren und durch die tatsächliche Ausübung politischer Partizipationsrechte kann dieser Prozess der Identifikation vollendet werden. Die Hindernisse verweigern Personen, denen diese Identifikation mit der politischen Kultur fehlt, die Staatsbürgerschaft.

---

[358] *Ecker/Kvasina/Peyrl* in Ecker/Kind/Kvasina/Peyrl, StbG Kommentar § 10 Rz 168, 170 (2017).

Ein Zwischenfazit zeigt, dass der Erwerb durch Abstammung und der Erwerb Legitimation nach der geltenden österreichischen Rechtsordnung nicht sicherstellen können, dass sich die Erwerberinnen und Erwerber mit der politischen Kultur Österreichs identifizieren. Es ist reiner Zufall und nicht durch die gesetzlichen Vorschriften bedingt, dass die meisten Personen, die so die Staatsbürgerschaft erwerben, sich tatsächlich mit der politischen Kultur identifizieren. Der Erwerb durch Verleihung stellt hingegen das sicher, da er Deutschkenntnisse, Grundkenntnisse der demokratischen Ordnung und Niederlassung auf dem Staatsgebiet verlangt.

8.3.5 Erwerb durch Anzeige

Es ist fraglich, ob sich eine Person mit der politischen Kultur identifizieren kann, wenn sie bloß von der Behörde als Staatsbürgerin oder Staatsbürger für 15 Jahre behandelt wurde. Die bloße Tatsache von einer Behörde als Staatsbürgerin oder Staatsbürger behandelt zu werden, stellt keine Verbindung zur politischen Kultur her, da beispielsweise ein Erfordernis eines Wohnsitzes auf dem Staatsgebiet fehlt.[359] Deutschkenntnisse oder Kenntnisse der demokratischen Ordnung und daraus ableitbarer Grundprinzipien müssen nicht erbracht werden, um durch Anzeige die Staatsbürgerschaft zu erwerben.[360] Man kann also davon ausgehen, dass Personen, die mittels Anzeige die Staatsbürgerschaft erwerben, sich nicht mit der politischen Kultur identifizieren und daher die Staatsbürgerschaft verweigert werden sollte. Eine Identifikation ist höchstens ein Zufall.

---

[359] *Bachmann* et al. (Hrsg), Besonderes Verwaltungsrecht[12] 219.
[360] *Peyrl* in Ecker/Kind/Kvasina/Peyrl, StbG Kommentar § 57 Rz 7 (2017).

Dass es sich beim zweiten Fall des Erwerbs durch Anzeige um eine Art nachträgliche Wiedergutmachung für Opfer das Nationalsozialismus handelt, ändert nichts an der Tatsache, dass dadurch auch keine Verbindung und damit keine Identifikation mit der politischen Kultur sichergestellt werden kann. Es werden wieder keine Deutschkenntnisse, Kenntnisse der demokratischen Ordnung und auch kein Wohnsitz auf dem Staatsgebiet verlangt.[361] Es gilt das zum ersten Fall des Erwerbs durch Anzeige ausgeführte.

8.3.6 Verlust der Staatsbürgerschaft

Habermas spricht davon, dass die Rechtsgenossinnen und Rechtsgenossen eine freiwillige Assoziation eingingen. [362] Dass also Staatsbürgerinnen und Staatsbürger auf ihre Staatsbürgerschaft in der geltenden Rechtslage verzichten können,[363] macht diese Freiwilligkeit deutlich. Der Kreis der Staatsbürgerinnen und Staatsbürger kann verlassen werden.

Eine Begrenzung des Wahlrechts auf Personen mit Staatsbürgerschaft kann also gerechtfertigt werden. Dabei muss aber beachtet werden, dass damit ein eigenes philosophisches Konzept von Staatsbürgerschaft gemeint ist und nicht das von der österreichischen Rechtsordnung gewählte Konzept. Das Wahlrecht soll also weiterhin ein auf Staatsbürgerinnen und Staatsbürger beschränktes politisches Partizipationsrecht sein, während das, was unter Staatsbürgerschaft zu verstehen ist, dem philosophischen Konzept ange-

---

361 *Bachmann* et al. (Hrsg), Besonderes Verwaltungsrecht[12] 219 – 220.
362 *Habermas*, Faktizität und Geltung[4] 141.
363 *Bachmann* et al. (Hrsg), Besonderes Verwaltungsrecht[12] 222.

glichen werden muss, damit eine Beschränkung des Wahlrechts gerechtfertigt werden kann.

9. Wahlrecht als Staatsbürgerrecht

Diese Diplomarbeit soll die Frage beantworten, ob überzeugende rechtsphilosophische Argumente dafürsprechen, das Wahlrecht auch Personen zu gewähren, die nicht Staatsbürgerinnen oder Staatsbürger sind.

In einem ersten Schritt sind politische Partizipationsrechte rechtsphilosophisch zu begründen. Habermas begründet politische Partizipationsrechte, zu denen das Wahlrecht zählt, auf Grundlage eines diskurstheoretischen Rechtsbegriffes[364] und Prinzips der Selbstgesetzgebung.[365] Die Beteiligten des Diskurses, die Rechtsgenossinnen und Rechtsgenossen, müssen an der Entstehung des Rechts partizipieren können, damit das erzeugte Recht legitime Geltung beanspruchen kann. Indem den Beteiligten politische Partizipationsrechte wie das Wahlrecht gewährt werden, wird sichergestellt, dass der Diskurs geführt werden kann.[366]

Kirste begründet politische Partizipationsrechte mit der Menschenwürde. Einer jeden Person kommt die Menschenwürde zu, aufgrund derer sie als Rechtssubjekt, Trägerin von Rechten und Pflichten, behandelt werden muss und nicht zu einem bloßen Objekt des Rechts werden darf. Weil eine Person in ihrer Würde verletzt wer-

[364] *Habermas*, Faktizität und Geltung[4] 106, 141.
[365] *Habermas*, Faktizität und Geltung[4] 153.
[366] *Habermas*, Faktizität und Geltung[4] 141.

den würde, wenn ohne ihre Beteiligung an sie gerichtete Rechte und Pflichten begründet würden, muss die Person an der Begründung dieser Rechte und Pflichten partizipieren können. Dies wird mit politischen Partizipationsrechten sichergestellt.[367]

Der Inhalt politischer Partizipationsrechte ist einem zweiten Schritt anhand der Begründung dieser zu definieren. Nach Habermas ergibt sich der Inhalt dieser Rechte aus dem diskurstheoretischen Verständnis von Recht. Der Diskurs ist eine handlungsentlastete, zwangsfreie Äußerungssituation, in der mit den sprachlichen Mitteln der Alltagskommunikation Überprüfungen, Beratungen und letztlich auch Veränderungen vorgenommen werden können. Der Diskurs widmet sich dabei der Wahrheit einer Aussage, der Richtigkeit der dafür unterstellten Normen und der Wahrhaftigkeit der dabei Beteiligten.[368] Dieses allgemeine Verständnis des Diskurses ist auf den Diskurs der Rechtsetzung zu übertragen. Der Inhalt der Partizipationsrechte ist, dass Kommunikation mit alltäglicher Sprache zwischen den Beteiligten möglich ist, diese Kommunikation zwangs- und handlungsfrei ist, das Recht durch die Teilnahme am Diskurs verändert werden kann, Täuschungsversuche aufgedeckt werden können und auch Begründungen anderer eingefordert werden können.

[367] *Kirste* in Reinau/Ungern-Sternberg, Politische Partizipation, 309 (326 – 327).
[368] *Habermas*, Legitimationsprobleme im Spätkapitalismus 148.

Der Inhalt dieser Rechte nach Kirste ist ähnlich zu Habermas, aber fußt auf einer anderen Begründung. Auch bei Kirste ist der Inhalt dieser Rechte derart, dass eine Mitwirkung an der Begründung des Rechts sichergestellt werden muss und sich die Beteiligten eine begründete Meinung frei von Zwängen bilden können.[369]

In einem dritten Schritt ist zu erörtern, wem das Wahlrecht zukommen soll: den Staatsbürgerinnen und Staatsbürgern oder einem anderen Personenkreis. Das Wahlrecht soll nach Habermas den Staatsbürgerinnen und Staatsbürgern zukommen. Das ergibt sich daraus, dass nach dem Prinzip der Selbstgesetzgebung die Adressatinnen und Adressaten des Rechts sich auch als dessen Autorinnen und Autoren verstehen sollen.[370] Autorenschaft bedeutet, dass die einer Person zustehenden politischen Partizipationsrechte ausgeübt werden konnten. Habermas spricht selbst von einer Selbstgesetzgebung der Bürgerinnen und Bürger[371] und der Partizipation der Rechtsgenossinnen und Rechtsgenossen.[372] Diese Begriffe sind enger als Adressatin oder Adressat, weswegen das Wahlrecht nur den Staatsbürgerinnen und Staatsbürgern zukommen soll. Eine solche Beschränkung verletzt nicht das Prinzip der Selbstgesetzgebung, denn Personen ohne Staatsbürgerschaft kommen auch andere politische Partizipationsrechte zu.

---

[369] *Kirste* in Reinau/Ungern-Sternberg, Politische Partizipation, 309 (322).
[370] *Habermas*, Faktizität und Geltung[4] 153.
[371] *Habermas*, Faktizität und Geltung[4] 153.
[372] *Habermas*, Faktizität und Geltung[4] 141.

Die Parlamente als gesetzgeberische Institutionen können daher auch von Personen ohne Wahlrecht beeinflusst werden, was eine Autorenschaft am Recht begründet. Eine Abgrenzung des Kreises der Beteiligten des Diskurses ist notwendig und kann gerechtfertigt werden.[373]

Diese Rechte sollen nach Kirste allen Personen aufgrund ihrer Menschenwürde zukommen.[374] Dabei ist aber zu beachten, dass eine Beschränkung des Wahlrechts nicht die Menschenwürde verletzt. Es gibt verschiedene Ansätze diese Beschränkung zu rechtfertigen, wobei eine Beschränkung aufgrund der Sprache oder Rechtsmündigkeit[375] nicht in Frage kommt. Jedoch kann das Argument, dass Personen ohne Staatsbürgerschaft andere Partizipationsrechte gewährt werden, analog hier angewendet werden. Diese ermöglichen ihnen eine Beteiligung an der Begründung des Rechts, weswegen sie nicht in ihrer Menschenwürde verletzt werden, wenn ihnen das Wahlrecht vorenthalten wird.[376] Auch können sich die Staatsbürgerinnen und Staatsbürger ihren von der Rechtsordnung auferlegten Pflichten nicht so einfach entziehen wie Personen mit Staatsbürgerschaft anderer Staaten.[377] Daher ist eine Ungleichbehandlung in Bezug auf das Wahlrecht gerechtfertigt.

---

[373] *Benhabib*, The Rights of Others, in Beck, 27; *Biskamp* in Grünendahl et al., Studien zur Migrations- und Integrationspolitik, 73 (91); *Habermas*, Faktizität und Geltung[4] 626.
[374] *Kirste* in Reinau/Ungern-Sternberg, Politische Partizipation, 309 (327).
[375] *Berka*, Verfassungsrecht[4] Rz 1231.
[376] *Biskamp* in Grünendahl et al., Studien zur Migrations- und Integrationspolitik, 73 (91).
[377] *Rupp*, Zeitschrift für Rechtspolitik 1989, 363 (365).

Da nun klar ist, dass das Wahlrecht nur den Staatsbürgerinnen und Staatsbürgern zukommen soll, ist zu klären, was aus rechtsphilosophischer Perspektive darunter zu verstehen ist. Von den beiden Konzepten der Staatsbürgerschaft ist das kommunitaristische dem individualistischen Konzept gegenüber vorzuziehen. Partizipation ist nach diesem Verständnis ein Selbstzweck und nicht bloßes Mittel zum Zweck.[378] Dazu müssen aber die Bürgerinnen und Bürger in eine politische Kultur eingebettet werden, mit der sie sich fast schon patriotisch identifizieren.[379] Dabei handelt es sich nicht um einen Patriotismus zu einer Ethnie, sondern zu einer Verfassung.[380]

Das kommunitaristische Konzept von Staatsbürgerschaft unterscheidet sich von dem der österreichischen Rechtsordnung in Bezug auf den Erwerb der Staatsbürgerschaft. Der Erwerb durch Abstammung stellt nicht sicher, dass sich die Staatsbürgerinnen und Staatsbürger als Teil einer politischen Kultur sehen, denn die bloße Abstammung von Eltern mit österreichischer Staatsbürgerschaft trägt nichts dazu bei. Gleiches gilt für den Erwerb durch Legitimation, da die Eheschließung der Eltern der betreffenden Staatsbürgerin oder des Staatsbürgers keine Verbindung zur politischen Kultur herstellen kann.[381] Der Erwerb durch Verleihung hingegen entspricht diesem kommunitaristischen Konzept, denn durch das Erfordernis zum Aufenthalt und zur Niederlassung, von Deutschkenntnissen und dem Nachweis von Grundkenntnissen der demokratischen Ordnung

---

[378] *Habermas*, Faktizität und Geltung[4] 641.
[379] *Habermas*, Faktizität und Geltung[4] 641 – 642.
[380] *Habermas*, Faktizität und Geltung[4] 642.
[381] *Bachmann* et al. (Hrsg), Besonderes Verwaltungsrecht[12] 213.

sowie daraus ableitbarerer Grundprinzipien[382] wird eine Verbindung zur politischen Kultur hergestellt und so kann sichergestellt werden, dass sich die Staatsbürgerinnen und Staatsbürger mit der politischen Kultur identifizieren.

Personen wird von der geltenden Rechtslage die Staatsbürgerschaft gewährt, obwohl ihnen diese nach dem kommunitaristischen Verständnis von Staatsbürgerschaft nicht zukommen soll. Daher ist der Ansatz der österreichischen Rechtsordnung zu weit. Verbunden mit der Tatsache, dass das Wahlrecht nur den Staatsbürgerinnen und Staatsbürgern zukommen soll, folgt daraus, dass keine überzeugenden rechtsphilosophischen Argumente dafür sprechen das Wahlrecht auch Personen ohne Staatsbürgerschaft zu gewähren. Das Konzept der österreichischen Rechtsordnung ist sogar zu weit gefasst.

---

[382] *Bachmann* et al. (Hrsg), Besonderes Verwaltungsrecht[12] 214, 216.

Quellenverzeichnis

Literaturverzeichnis

Alexy Robert, Theorie der juristischen Argumentation Die Theorie des rationalen Diskurses als Theorie der juristischen Begründung (Suhrkamp 1983)

Aristoteles, Politiká, übersetzt von Schütrumpf, in Schütrumpf (Hrsg), Politik (Felix Meiner 2012)

Bachmann Suanne/Baumgartner Gerhard /Feik Rudolf/Fuchs Claudia/Giese Karim/Jahnel Dietmar/Lienbacher Georg (Hrsg), Besonderes Verwaltungsrecht[12] (Verlag Österreich 2018)

Benhabib Seyla, The Rights of Others Aliens Residents and Citizens, übersetzt von Jakubzik Franz, in Beck Ulrich (Hrsg), Die Rechte der Anderen Ausländer Migranten, Bürger (Suhrkamp 2008)

Benseler Gustav Eduard/Keagi Adolf, Griechisch-deutsches Schulwörterbuch Mit einem alphabetischen Verzeichnis zur Bestimmung seltener und unregelmäßiger Verben[15] (B. G. Teubner 1994)

Berka Walter, Verfassungsrecht Grundzüge des österreichischen Verfassungsrechts für das juristische Studium[4] (Springer 2012)

Berka Walter/Binder Christina/Kneihs Benjamin, Die Grundrechte Grund- und Menschenrechte in Österreich[2] (Facultas 2019)

Birklbauer Alois/Hilf Marianne Johanna/Tipold Alexander, Strafrecht Besonderer Teil I^4 (Facultas 2017)

Biskamp Floris, Staatsbürgerschaft und Ideologie. Auf dem Weg zu einer gesellschaftstheoretisch reflektierten politischen Theorie von politischer Mitgliedschaft und ihre Grenzen, in Grünendahl Sarah J./Kewes Andreas/Ndahayo Emmanuel/Mouissi Jasmin/Nieswandt Carolin (Hrsg), Studien zur Migrations- und Integrationspolitik, Staatsbürgerschaft im Spannungsfeld von Inklusion und Exklusion, Internationale Perspektiven (Springer Fachmedien 2019) 73

Cohen Joshua, Deliberation and Democratic Legitimacy, in Bohman James/Reg William (Hrsg), Deliberative Democracy Essays on Reason and Politics (MIT Press 1997) 67

Dormal Michel, Wählen ohne Staatsbürgerschaft? Das Ausländerwahlrecht in der demokratietheoretischen Diskussion, Politische Vierteljahresschrift 2016, 378

Ecker Julia/Kind Martin/Kvasina Ivica/Peyrl Johannes, Kommentar zum Staatsbürgerschaftsgesetz (Verlag Österreich 2017)

Etzioni Amitai, Citizenship in a communitarian perspective, Ethnicities 2011, 336

Euchner Walter, John Locke zur Einführung (Junius 1996)

Fessler Christine/Fessler Peter/Pfandner Martina, Staatsbürgerschaftsrecht Kommentar (Neuer Wissenschaftlicher Verlag Stand: 22.2.2018)

Fuchs Helmut/Zerbes Ingeborg, Strafrecht Allgemeiner Teil I Grundlagen und Lehre von der Straftat[10] (Verlag Österreich 2018)

Kletečka Andreas/Schauer Martin (Hrsg), ABGB-ON (Manz Stand: 1.10.2018)

Gamm Gerhard/Hetzel Andreas/Lilienthal Markus, Hauptwerke der Sozialphilosophie (Reclam 2001)

Gemoll Wilhelm/Vretska Karl, Griechisch-deutsches Schul- und Handwörterbuch[9] (Hölder-Pichler-Tempsky 1965)

Gorys Andreas, Wörterbuch Archäologie (Deutscher Taschenbuch Verlag 1997)

Grabenwarter Christoph/Frank Stefan Leo, B-VG und Grundrechte Kurzkommentar (Manz Stand: 20.6.2020)

Grawert Rolf, Staatsangehörigkeit und Staatsbürgerschaft, Der Staat 1984, 179

Habermas Jürgen, Die Einbeziehung des Anderen: Studien zur politischen Theorie[2] (Suhrkamp 1997)

Habermas Jürgen, Faktizität und Geltung Beiträge zur Diskurstheorie des Rechts und des demokratischen Rechtsstaates[4] (Suhrkamp 1994)

Habermas Jürgen, Legitimationsprobleme im Spätkapitalismus (Suhrkamp 1973)

Habermas Jürgen, Theorie des kommunikativen Handelns Band I Handlungsrationalität und gesellschaftliche Rationalisierung (Suhrkamp 1988)

Habermas Jürgen, Wahrheit und Rechtfertigung Philosophische Aufsätze (Suhrkamp 1999)

Herdegen Matthias, Völkerrecht[11] (C. H. Beck 2012)

Hume David, A Treatise of Human Nature, Buch III Teil I Kapitel I, übersetzt von Lipps Theodor, in Brandt Reinhard (Hrsg), Ein Traktat über die menschliche Natur in 2 Bänden Band II (Felix Meiner 1978)

Jaeger Thomas/Stöger Karl (Hrsg), EUV/AEUV Kommentar (Manz Stand: 1.7.2019)

Jaeger Thomas/Stöger Karl (Hrsg), EUV/AEUV Kommentar (Manz Stand: 1.9.2020)

Jestaedt Matthias (Hrsg), Reine Rechtslehre Einleitung in die rechtswissenschaftliche Problematik (Mohr Siebeck 2008)

Kersting Wolfgang, Vom Vertragsstaat zur Tugendrepublik Die politische Philosophie Jean-Jacque Rousseaus, in Kersting Wolfgang (Hrsg), Die Republik der Tugend Jean-Jacques Rousseaus Staatsverständnis (Nomos 2003) 11

Kirste Stephan, Rechtsphilosophie Einführung[2] (Academia 2020)

Kirste Stephan, Politische Partizipation und globale Politik – Zur menschenrechtlichen Begründung eines Rechts auf globale Partizipation, in Reinau Hansjörg/Ungern-Sternberg Jürgen (Hrsg), Colloquium Rauricum Band 13 Politische Partizipation Idee und Wirklichkeit von der Antike bis in die Gegenwart (De Gruyter 2013) 309

Kirste Stephan, Das Menschenrecht auf Demokratie, in Stekeler-Weithofer/Zabel (Hrsg), Philosophie der Republik (Mohr Siebeck 2018) 463

Lepsius Mario Rainer, Interessen Ideen und Institutionen (Springer Fachmedien 1990)

Locke John, The Second Treatise of Government, übersetzt von Tidow Dorothee, in Mayer-Tasch Peter Cornelius (Hrsg), Über die Regierung (Reclam 1974)

Mayer Heinz/Kucsko-Stadlmayer Gabriele/Stöger Karl, Grundriss des österreichischen Bundesverfassungsrechts[11] (Manz 2015)

Muzak Gerhard, B-VG Kommentar[6] (Manz Stand: 1.10.2020)

Nohlen Dieter (Hrsg), Wörterbuch Staat und Politik (Piper 1991)

Öhlinger Theo/Eberhard Harald, Verfassungsrecht[12] (Facultas 2019)

Pfetsch Frank R., Theoretiker der Politik Von Platon bis Habermas (Nomos 2012)

Plunger Martin/Esztegar Balazs/Eberwein Helgo (Hrsg), StbG Kommentar (Jan Sramek Stand: 1.12.2016)

Rousseau Jean-Jacque, Du contrat social ou Principes du droit politique, übersetzt von Brockard Hans, in Brockard Hans (Hrsg), Vom Gesellschaftsvertrag oder Grundsätze des Staatrechts (Reclam 1986)

Rupp Hans Heinrich, Wahlrecht für Ausländer? Zeitschrift für Rechtspolitik 1989, 363

Schaal Gary S. (Hrsg), Das Staatsverständnis von Jürgen Habermas (Nomos 2009)

Schroeder Werner, Grundkurs Europarecht[6] (C.H. Beck 2019)

Seiler Stefan, Strafrecht Allgemeiner Teil 1 Grundlagen und Lehre von der Straftat[3] (Facultas 2016)

Sisón Alejo José G., Aristotelian Citizenship and Corporate Citizenship: Who is a Citizen of the Corporate Polis?, Journal of Business Ethics 2011, 3

Vasilache Andreas, Unterscheidung – Trennung – Grenze Ein grenzanalytischer Blick auf die Staatstheorie von John Locke, in Salzborn Samuel (Hrsg), Der Staat des Liberalismus Die liberale Staatstheorie von John Locke (Nomos 2010) 185

Whelan Frederick G., Prologue: Democratic Theory and the Boundary Problem, Nomos 1983, 13

Internetquellen

Bundesministerium für Arbeit, Bundesministerium für Inneres, Integrationsvereinbarung <https://www.migration.gv.at/de/leben-und-arbeiten-in-oesterreich/rahmenbedingungen-der-integration/integrationsvereinbarung/> (28.4.2021)

Bundesministerium für Bildung Frauen, Unterrichtsprinzip politische Bildung Grundsatzerlass 2015 <https://www.politik-lernen.at/dl/optmJKJKoOoOnJqx4LJK/2015_12_pdf> (8.4.2021)

Bundesministerium für Bildung, Wissenschaft und Forschung, Politische Bildung in den Schulen – tabellarische Übersicht <https://www.politik-lernen.at/dl/qsmmJKJKoMlKnJqx4KJK/Politische_Bildung_in_den_Schulen_tab__bersicht_Stand_September_2020_pdf> (7.4.2021).

Grau Alexander, Wie der Liberalismus die Freiheit zerstört <www.cicero.de/kultur/Freiheit-Liberalismus-Meinungsfreiheit-Toleranz> (2.4.2021)

Statistik Austria, Auslandsösterreicherinnen und Auslandsösterreicher 2020 <https://www.statistik.at/web_de/statistiken/menschen_und_gesellschaft/bevoelkerung/internationale_uebersich/index.html> (5.4.2021)

Statistik Austria, Bevölkerung am 1.1.2020 nach detaillierter Staatsangehörigkeit und Bundesland

<https://www.statistik.at/web_de/statistiken/menschen_und_gesellschaft/bevoelkerung/bevoelkerungsstruktur/bevoelkerung_nach_staatsangehoerigkeit_geburtsland/index.html> (5.4.2021)

<www.duden.de/rechtschreibung/Genosse> (15.3.2021)

<www.duden.de/rechtschreibung/Kamerad> (15.3.2021)

<www.strephonsays.com/difference-between-state-and-government> (24.3.2021)

Judikaturverzeichnis

EuGH 05.02.1963, C-26/62 (NV Algemene Transport- en Expeditie Onderneming van Gend & Loos gegen Niederländische Finanzverwaltung)

EuGH 15.07.1964, C-6/64 (Flaminio Costa gegen E.N.E.L.)

VfGH 16.03.1989, G218/88

VfGH 29.11.2012, G 66/12

VwGH 16.1.1985, 82/01/0118

VwGH 21.10.1987, 87/01/0141

VwGH 1.7.1992, 90/01/0055

VwGH 16.3.1994, 93/01/0509

VwGH 11.3.1998, 97/01/0433

VwGH 11.3.1998, 97/01/1095

VwGH 23.9.1998, 98/01/0091

VwGH 22.8.2006, 2004/01/0591

VwGH 19.9.2012, 2010/01/0041

Normenverzeichnis

Abkommen über den Europäischen Wirtschaftsraum (EWR), ABl L 1994/1, 3 idF L 2016/162, 36

Bundesverfassungsgesetz (B-VG), BGBl 1/1930 idF I 2/2021
Bundespräsidentenwahlgesetz 1971 (BPräsWG), BGBl 57/1971 idF I 61/2018

Integrationsgesetz (IntG), BGBl I 68/2017 idF I 41/2019

Konvention zum Schutze der Menschenrechte und Grundfreiheiten (EMRK), BGBl 210/1958 idF III 47/2010

Nationalratswahlordnung 1992 (NRWO), BGBl 471/1992 idF I 32/2018

Niederlassungs- und Aufenthaltsgesetz (NAG), BGBl I 100/2005 idF I 146/2020
Salzburger Landesverfassungsgesetz 1999 (Sbg. L-VG), LGBl Nr 25/1999 idF 41/2019

Staatsbürgerschaftsgesetz 1985 (StbG), BGBl 311/1985 idF I 146/2020, I 311/1985

Staatsgrundgesetz über die allgemeinen Rechte der Staatsbürger (StGG 1867), RGbl 142/1867 idF 142/1867

Verordnung der Bundesministerin für Inneres über die Prüfung zum Nachweis der Grundkenntnisse der demokratischen Ordnung sowie der Geschichte Österreichs und des jeweiligen Bundeslandes (StbP-V), BGBl II 138/2006 idF II 260/2013

FSC
www.fsc.org
MIX
Papier | Fördert gute Waldnutzung
FSC® C083411

Kolibri 360 GmbH
Ferdinand-Jühlke-Straße 7
99095 Erfurt, Deutschland
produktsicherheit@kolibri360.de

Druck:
CPI Druckdienstleistungen GmbH
im Auftrag der
Kolibri 360 GmbH
Ferdinand-Jühlke-Str. 7
99095 Erfurt